追踪清洁能源进展 2017

Tracking Clean Energy Progress 2017

Energy Technology Perspectives 2017 Excerpt
Informing Energy Sector Transformations

国际能源署(IEA)　著

北京理工大学能源与环境政策研究中心(CEEP-BIT)　译

科　学　出　版　社

北　京

内 容 简 介

能源系统正在发生重大变化，追踪清洁能源进展对实现可持续、可靠和可负担的能源，以及评估实现长期目标的整体进展至关重要。本书对2017年主要清洁能源技术的开发和部署进行总结，并分析未来的机遇和挑战，同时还包括一个关于清洁能源创新的专题章节，提供公共和私营部门在研发和示范投资的相关信息。

本书适合能源与环境领域的政府公务人员、企业管理人员、高等院校师生、科研人员及相关的工作者阅读。

根据国际能源署的要求，科学出版社对该书图、表、参考文献不做改动，保留原貌。

图书在版编目（CIP）数据

追踪清洁能源进展2017=Tracking Clean Energy Progress 2017/国际能源署（IEA）著；北京理工大学能源与环境政策研究中心（CEEP-BIT）译. —北京：科学出版社，2018

ISBN 978-7-03-055546-5

Ⅰ. ①追… Ⅱ. ①国… ②北… Ⅲ. ①无污染能源-能源发展-研究报告-世界-2017 Ⅳ. ①F416.2

中国版本图书馆CIP数据核字（2017）第282064号

责任编辑：刘翠娜 耿建业 / 责任校对：桂伟利
责任印制：张克忠 / 封面设计：无极书装

科学出版社 出版
北京东黄城根北街16号
邮政编码：100717
http://www.sciencep.com

北京画中画印刷有限公司 印刷
科学出版社发行 各地新华书店经销
*
2018年5月第 一 版 开本：787×1092 1/16
2018年5月第一次印刷 印张：7 3/4
字数：180 000

定价：198.00元

（如有印装质量问题，我社负责调换）

目　录

第1章 绪　　言

1.1 引　言

世界各地的能源系统正在发生重大转变。政府有目的性的政策引导是许多转变的驱动因素，相关政策包括国家层面的低碳转型路径、减少空气污染、确保能源独立与安全，以及提高效率、降低成本。除了政策驱动导致的转变，外部因素正驱动着其他的转变，这些外部因素包括能源市场的拓展和变化，以及诸如在生活中越来越多地使用信息和通信技术带来的社会变革。

为了在这场能源变革中寻找正确的发展道路，政府、企业和其他利益相关者需要很多信息。决策者需要在制定发展路径前了解自身现状，例如不同能源领域的技术现状、政府如何规划能源系统、目前取得的进展，以及如何有效率地实现规划目标。

国际能源署(International Energy Agency，IEA)追踪清洁能源发展（TCEP)项目提供了这样一个契机，可以帮助政府、企业和其他利益相关者建立更清洁、可持续的能源系统。不同的技术，在不同国家的发展程度不同，这就是为什么 TCEP 需要一种广泛及技术中立的方法。这种方法需要涵盖全部能源部门——从生物质能到核能，从建筑围护结构到关键工业部门，从太阳能光伏到碳捕获与封存(CCS)。

今年，本报告有一个章节专门阐述清洁能源创新，提供了世界范围内公共及私营部门在某一领域的研发和示范(RD&D)投资的最佳数据。这将有助于所有全球参与者，特别是那些参与“创新使命(Mission Innovation)”行动并承诺通过 5 年时间加倍其能源创新预算的国家，以及如“突破能源联盟(Breakthrough Energy Coalition)”这样的重要私营组织。

对于帮助开发先进技术，这些公共和私营机构的努力有巨大潜力。对于帮助各国实现巴黎气候变化会议的长期目标，以及减少空气污染，加强能源安全和振兴未来经济，这些努力将是至关重要的。

得益于包括成员国和伙伴国政府的 IEA 大家庭规模的不断扩大、广泛而深入的商业合作关系，以及包括其技术合作项目(TCP)中 6000 名全球专家的非凡的能源专家团队，IEA 致力于帮助世界高效地实现能源政策目标。

为确保 IEA 的分析易于访问，我们已经取得进展并在 IEA 官方网站上创建了一个新的 TCEP 互动门户入口。我希望，在我们共同努力下，TCEP 2017 有助于促进可持续发展模式及确保未来能源系统的安全。

Dr. Fatih Birol
Executive Director
International Energy Agency

1.2 主要结论

2016 年，本报告追踪的 26 项清洁技术中有 3 项被标记为“●”，即发展形势良好，是推动可持续能源转型的重要途径，包括更为成熟的可再生能源技术(陆上风能和太阳

能）、电动汽车和储能技术。虽然目前只占能源系统的一小部分，但这些技术正在迅速发展，作为解决能源问题的主流方向，其重要性日益突显[①]。

(1)客运电气化创造了新的历史纪录，2016 年电动汽车销售超过 75 万辆、全球库存量上升至 200 万辆。

尽管电动汽车市场增长幅度从2015年的70%下降到2016年的40%，仍然可以在2025年达到 2℃温升情景(2DS)目标所要求的路径，但能否完成 2020 年的中期目标将存在巨大风险，进而也提高了 2025 年达标的风险。

(2)储能技术持续快速部署，2016 年达到 1 吉瓦，有望实现 2DS 目标路径，但若要在 2025 年实现 21 吉瓦的累计容量，仍需要进一步的政策行动。

(3)2016 年太阳能光伏和陆上风力发电发展势头强劲，亚洲、拉丁美洲和中东的长期合约价格创历史新低。中期内，在成本削减和政策利好的驱动下，可再生能源发展前景光明。然而与太阳能光伏和陆上风力发电相比，可再生能源整体发展仍与 2DS 长期目标相差甚远，尽管 2016 年全球可再生能源整体增长幅度达 6%，创历史新高。

(4)电动汽车、储能技术、可再生能源(陆上风能和太阳能)未来“如期实现”的发展趋势也取决于其他技术在能源转型中发挥的作用，但目前情况并非如此。如果其他技术不加快发展速度，这三种技术将承担更加艰巨的发展任务，以弥补发展滞后的领域，最终确保能源转型如期进行。在这种情况下，这三种技术目前的发展水平不足以维持“●”标记。

大多数技术尚未达到既定目标。15 种技术标记为“●”，这意味着虽然它们已经取得一定的进展，但需要更多的努力才能晋升为“●”。值得注意的是，在这 15 种“●”技术中，10 种技术均处于上升趋势，只有一种显示出下降的发展趋势。

(1)2016 年核电装机容量增加了 10 吉瓦，达到自 1990 年以来的最高增长速度。若达到 2DS 目标轨道并抵消计划中退役的核电和一些国家退出核电的政策，必须在 2016 年的增量基础上翻倍到每年增加 20 吉瓦。一些核电站为应对电力批发价格不断下降的市场竞争而陆续或正在考虑关闭，2016 年新开工的核电站建设规模仅有 3 吉瓦，这增大了未来核电发展的风险。

(2)为如期实现 2DS 目标路径，燃气发电需作出进一步的进展。过去三年的增长高于全球 2DS 目标路径规定的 2.4%，弥补了之前的电量下降，实现了更加稳定的增长路径。为了如期实现能源转型，需要进一步采取措施提高发电厂设备效率和灵活性。这将为多种可再生能源的集成提供支撑，并在近期内成为替代煤炭的低碳方式，同时可以避免资产的长期锁定。

(3)工业部门必须加快行动以实现 2DS 目标路径，并将 2014 年至 2025 年的终端能源消费增速控制在 1.2%以下，这要低于 2000 年以来 2.9%的年均增速的一半。尽管提升能源效率和发展低碳技术已经取得一些成效，未来工业生产增长必须进一步与能源使用、二氧化碳(CO_2)排放脱钩。

---

① 有关所使用的数据来源说明，请参见第 93 页的“技术概要说明”；有关所使用的追踪情景说明，请参见第 12 页的“追踪进展：如何及达到何种程度”。

(4)尽管2016年私人车辆呈现电气化趋势，但航空、航运、道路货运等其他运输方式进展不足。交通部门二氧化碳排放量快速增长，为实现2DS目标，排放路径需要得到控制，在2015～2025年年排放量增速稳定在2010年以来的2.5%的增速水平，之后迅速下降。

八项技术被标记“●”，这意味其发展进度严重滞后，需要重新制定政策。其中，只有三项技术在过去一年呈现显著(或有望)继续发展的态势。

(1)2016年，全球煤炭发电占总发电量的40%以上，将继续作为发电的主要来源。此外，2015年新增煤电装机容量的30%采用低效的亚临界技术(subcritical technology)。若要保持在2DS目标路径上，需要实现来自煤炭的碳排放量在2025年之前每年下降3%。这依赖于淘汰低效发电厂，并在2020年之后要减少没有配备CCS的燃煤电厂的数量。

(2)全球范围内的大型CCS项目证明了其在各个行业应用的可行性，但由于缺乏新的投资刺激，项目进展停滞不前。需要有针对性的政策激励措施来推动大规模CCS项目的部署，以实现到2025年每年封存二氧化碳超过4亿吨的2DS目标路径。

(3)较为先进的生物燃料生产量需要在2025年达到已有产量的25倍，才能达到2DS目标路径。许多大规模的先进生物燃料工厂正在加大生产，但需要更多强制措施或通过降低运输燃料的碳强度以推动发展。

(4)近三分之二的国家尚未建立建筑能源标准，这意味着建筑物中耗能设备不在强制性能源效率政策范围之内。为了达到2DS目标路径，到2025年，全球人均建筑能耗需要下降至少10%，低于4.5兆瓦时。

(5)从化石燃料供热向可再生能源转变存在很大的潜力，但大量资源仍未被开发利用。供热占终端能源消耗的50%以上，并且是以化石燃料为主。可再生能源供热增长稳定但缓慢，若达到2025年2DS目标路径，需要在2014年的基础上增加32%。

追踪清洁能源转型的进展对于评估《巴黎协定》的长期目标和实现其他形式的政治合作，如减少空气污染及援助国家、企业和其他利益相关方至关重要，因其确定了进一步加强行动的具体方案。

(1)需要有关技术部署和发展的详细信息。这些信息可以帮助各国了解和跟踪国家能源转型的进展，并帮助国家制定有效的政策。这也将有助于避免各种能源政策目标间的冲突，确保全球能源系统走向更加安全、可负担和可持续发展的道路。

(2)IEA将探讨如何进一步加强各种追踪工作，提供有助于支撑国内决策的信息，并更好地为集体进步提供信息，包括根据《巴黎协定》进行的2018年促进对话和定期全球评估流程。除了进一步加强追踪清洁能源进展外，IEA还将继续改进能源数据和指标，并追踪投资趋势。

公共及私营部门清洁能源的研发和示范(RD&D)投资对于提供持续、可负担和安全的能源转型至关重要。今年的报告专题讨论了当前公共和私营部门投资形式信息的稀缺性，并对未来如何改进提出相应的建议。

(1)预计全球清洁能源RD&D总投资至少为260亿美元，但未呈现上涨趋势，急需迎头赶上。包括某些国有企业在内的公共部门清洁能源 RD&D 投入在 2015 年超过 190 亿美元，明显高于 2015 年商业企业支出的 54 亿美元 RD&D 费用及 2016 年风险投资基金投入清洁能源科技创业公司约 20 亿美元的总和。

(2) 清洁能源 RD&D 对于为我们提供今天的清洁技术选择至关重要，并在未来仍然至关重要。公共资金正在努力履行其规定职能，即对超出市场范围或具有较高开发和示范成本的技术进行支持。企业对清洁能源的投资正在增长，但仍只占企业能源部门研发 (R&D) 总投入的一小部分，且主要由那些在石油、天然气、火电、电网及公用设施等领域活跃的公司主导。另一方面，风险投资基金也主要针对清洁能源。

(3) 实施诸如"创新使命"行动与"突破能源联盟"等公共和私营部门的互补机制，可以作为促进清洁能源创新的重要跳板。这种新的努力可以借鉴现有的协作机制，如 IEA 的技术合作计划。

(4) 了解技术 RD&D 的投资模式可进一步提高资金支出的有效性，并突出强调合作领域。应努力收集公共和私营部门资金支出的数据，制定和追踪优先技术的关键绩效指标，并与创新生态系统的其他关键因素相一致。

1.3 进展概要

本节将总结评估清洁能源技术的进展情况。进展概要通过交通信号灯的颜色来展示中期追踪进展，用箭头来评估最新趋势；各表包含按行业和部门分类的 26 个技术领域，涵盖整个能源系统。随后的 18 个章节提供了深度追踪信息(表 1-1～表 1-3)。

表 1.1 能源供应

是否如期实现?	最新发展趋势:
● 不能如期实现	↘ 下降趋势
● 有所改进，但需要更多努力	~ 有限发展
● 按目标进行，但需要持续的政策推动	↗ 上升趋势

可再生能源 ↗

2010-2015 年度，可再生能源发电量增长幅度超过 30%，预计 2015 年至 2020 年间将再增长 30%。然而，若达到 2DS 路径所要求的发电目标，可再生能源发电量增长幅度在 2020 年至 2025 年需要再提升 40%。	可再生能源新增装机容量在 2016 年再创历史新高，超过 160 吉瓦。可再生能源发电量估计增长 6%，占全球发电量增长的一半以上。

2017 年建议：通过政策改进加快可再生能源发电的增长，重点是系统友好型部署和技术开发。

太阳能光伏和陆上风力发电 ↗

太阳能光伏和陆上风力发电预计在 2015-2020 年分别增长 2.5 倍和 1.7 倍。这一增长趋势与 2DS 路径目标所要求进展一致，也为实现 2020-2025 年期间所要求的太阳能光伏发电增长 1.7 倍、陆上风力发电增长 2 倍提供了坚实基础。	太阳能光伏和陆上风力发电增长势头迅猛，其 2016 年合约价格创最低记录。

2017年建议： 按照系统友好的方式发展太阳能光伏和风电，解决市场设计挑战，改善可再生能源并网。

海上风力发电和水能

离岸风力发电在2010-2015期间增加了4倍，并预计其将在2015-2020期间增加1倍。然而，若达到2DS路径所要求的发电目标，2015-2020期间，离岸风电发电需要增加2倍。 对于水力发电，2015-2020年期间的容量和发电量增长趋势预计将比前五年减缓。要实现2DS路径中的2025年目标，需要提高装机容量增长率。	2016年，新增海上风电装机同比下降了四分之一，同时新增水电装机连续三年下降。

2017年建议： 确保海上风电厂及时并网，并继续执行激进竞争的政策，以进一步降低海上风电成本。改善市场设计，更加地重视水电的系统灵活性。

生物质能，集中式太阳能，海洋能和热能

生物质能、集中式太阳能、海洋能和热能处在早期技术开发阶段，现阶段的发展水平仍然落后于实现其2DS路径目标所需的业绩。	发电成本和项目风险仍然高于常规替代品，要防止过快部署。

2017年建议： 制定计划来解决技术挑战，以实现更快的增长。战略措施可能包括：更好地体现聚光太阳能(CSP)的储能市场价值；应对地热能源开发风险的改进政策；促进大型海洋技术示范项目；制定促进生物质能可持续发展的补充政策。

核能

过去十年平均每年新开工装机容量为8.5吉瓦。为达到2DS路径目标，需要翻一番，至2025年每年超过20吉瓦。	2016年核电装机增加了10吉瓦，是1990年以来最高的年增长，但是这一年只有3吉瓦的新开工项目。

2017年建议： 对清洁能源激励计划中包含核能在内的、并鼓励核能和其他清洁能源发展的现有或新的能力建设提供明确和一致的政策支持。

燃气发电技术

全球天然气发电量在2014年上涨了2.2%。经合组织国家在2015年实现增长7.1%，有迹象表明2016年持续了这一趋势。非经合组织国家在2015年、2016年的增长同样保持强劲。这一增长远高于实现2025年2DS路径目标所要求的2.4%的年增长率，但最近的下滑显示出增长路径的脆弱性。电厂的效率和灵活性表现需要进一步提高，以为不同种类的可再生能源的并网提供支持，同时燃气发电可作为燃煤发电的短期低碳选择，来防止对天然气发电的长期锁定。	燃气发电能力投资在2015年下降了40%，达到310亿美元，气电装机容量增加了46吉瓦。

2017年建议： 通过建立有煤炭竞争力的电力市场机制，包括碳定价和其他支持政策，如最大排放上限和容量市场，支持燃气发电作为燃煤发电的低碳替代。

燃煤发电 ~

要达到 2DS 路径的要求，到 2025 年，煤电的排放量每年平均要下降 3%。然而，2015 年新增煤电装机容量达到 84 吉瓦，其中 25 吉瓦为次临界机组。在 2DS 路径下，不能提供减排的新增装机容量增量建设应该被放缓，亚临界的燃煤电厂建设应该被取消。	2014 年全球煤炭产量同比增长 0.7%，2014 年继续占全球发电量的比重超过 40%。2015 年和 2016 年的煤炭发电量估计值有所下降，但可以看出不同区域和不同年度之间变化明显。

2017 年建议： 实施国家能源规划和政策，迅速淘汰使用亚临界技术建设工厂。

碳捕获与封存

现有项目的潜力为年捕获量超过 3000 万吨二氧化碳，但鉴于目前的验收量仅为 930 万吨二氧化碳，存储量尚未达到 2DS 所要求的目标。每年平均存储量必须加快达到 4 亿吨二氧化碳，以便在 2025 年达到 2DS 路径。	大型 CCS 项目的全球投资组合继续扩大，并且正在部署首个钢铁厂 CCS 项目和首个生物能源碳捕集与封存(BECCS)工厂项目。

2017 年建议：加强公共和私营部门对大型项目的投资和二氧化碳运输和储存基础设施规划，适用于各个司法管辖区。

表 1.2　能源需求

是否如期实现？

- ● 不能如期实现
- ● 有所改进，但需要更多努力
- ● 按目标进行，但需要持续的政策推动

最新发展趋势：

- ↘ 下降趋势
- ~ 有限发展
- ↗ 上升趋势

工业

工业生产与二氧化碳排放的脱钩是实现 2DS 目标的关键。2014 年至 2025 年期间，二氧化碳排放量的年均增长需要限制在 0.1%，而目前的排放路径中排放量为 1.1%，2020 年工业二氧化碳排放将达到峰值。	工业部门在能源效率和低碳技术部署方面继续取得进展，2014 年最终能源消耗同比增长限制在 1.3%。为了达到 2DS，行动必须进一步加快，到 2025 年，将能源消费增长限制在 1.2%，以及二氧化碳排放量保持在 2025 年水平。

2017 年建议： 通过促进改造现有能力和部署现有最佳可行技术的机制，激励能源效率的改善

化工和石油化工

2000 年至 2014 年度，该行业终端能源消耗及其直接的二氧化碳排放量的年均增长率分别为 2.3%和 2.6%，增速放缓主要是由于转向使用了在某些地区价格趋势具有经济性的轻质原料。使用低碳原料的趋势必须长期持续，以使该行业如期实现 2DS 路径。尽管生产量大幅增加，工艺能源消耗和直接碳排放量的年均增长率仍分别保持在 3.1%和 2.8%以下。	由于一些地区的价格变动，化工和石油化工行业近年来向低碳原料转型。

2017 年建议： 完善化学品和石油化工行业的公开统计数据，以便强有力地跟踪进展情况并制定适当的目标。

造纸业

↗

自2000年以来，尽管纸张和纸板生产增长了23%，该部门的能源消耗量只增长了1%。到2025年，需要大幅减少能源消耗和二氧化碳排放量，并且能源使用量和直接非生物质二氧化碳排放量需要分别下降0.8%和17%。	创新的低碳工艺和产品如深层共晶溶剂的研发已经成为纸浆和造纸行业近年来的重中之重，这可降低二氧化碳排放以及提高能源效益。

2017年建议：鼓励优化利用副产品替代化石燃料，并鼓励增加造纸和纸浆的回收利用。

钢铁　↗

电弧炉(EAF)炼钢工艺生产的全球电炉钢产量比重从2010年的29%上升到2014年的30%。为了达到2DS目标路径，全球EAF粗钢产量比重在2025年之前需要增长到40%，弃用基础氧转炉膛/露天炉，整体能源需求下降6%，二氧化碳排放量下降11%。	虽然一些地区经济困难，但EAF粗钢产量仍持续增长。

2017年建议：为实现2DS目标，需部署最佳可用技术和提高现有设备能效，包括最大限度地部署基于废钢的EAF生产。

铝制造业　↗

满足2DS发展路径将需要不断努力提高初级和次级铝的特定能源消耗(SEC)，还需要提高废料收集和回收利用率以及开发减少二氧化碳排放的新技术。为了保持2DS路径的水平，到2025年，铝行业的总体平均能源消耗增速需要每年限制在4.3%。	原铝冶炼和氧化铝精炼的世界平均能源强度分别在2013年、2014年下降了1.9%和5.3%。2014年，31%的铝来自废铝，与2013年保持近乎相同的份额，尽管整体生产增长6.7%。

2017年建议：通过增加所有废料的回收利用，进一步激励铝的二次生产，大幅度降低生产的能源和排放强度。同时支持节能减排，并鼓励物质效率战略。

水泥制造业　↗

要继续达到2DS目标，到2025年，生物质和废燃料在2DS发展路径中，需要达到12.1%的能源消耗，到2025年，该行业的总体能源使用量需要上升到每年0.5%。	随着向高效干窑的转变，水泥窑的热能强度不断提高。组合的替代燃料，包括生物质和废物，在2014年贡献了约5.3%的热能消耗。

2017年建议：增加公共和私营部门对替代产品RD&D的支持，熟料替代品和加工路线，以长期降低水泥生产二氧化碳排放。

交通　～

2010年至2015年期间，交通部门排放量每年增长2.5%。为达到2DS目标路径，该行业“从油井到车轮”的整个生命周期(WTW)温室气体排放量必须在2015年至2025年保持稳定，之后迅速下降。更具体地，经合组织国家的WTW温室气体排放量在2015年至2025年之间每年需要下降2.1%，才能够达到2DS目标路径。	交通导致的二氧化碳排放量仍在增长，巴黎气候协定中各国家自主贡献规定的运输措施并不足以实现2DS目标。

2017年建议：增加能效设计指标(EEDI)的雄心，扩大这一框架，这包括对于现有船舶制定运行效率标准。这需要迅速采取行动，确保可以充分收集个别船只的交易模式数据。

电动汽车 ~

2016 年全球销售的充电式电动汽车已超过 75 万辆，个人运输电气化创造了新的历史纪录。全球 EV 汽车存量已达 200 万台。需要维持和加强政策力度，加速推广，确保 PEV 部署在未来几年不会低于 2DS 所要求的增长速度。

尽管 2015 年至 2016 年的 PEV 销量增长了 40%，并符合 2DS 目标路径，但这与从 2014 年到 2015 年间观察到的 70%的增速相比下降明显，这表明开始偏离 2DS 路径的风险越来越大。

2017 年建议：提供优先采购 PEV 的财务激励和提高充电基础设施的便利性。提供有利于 PEV 而非传统汽车的地方激励措施，例如限制传统汽车进入的城区和优惠的停车费。使用公共采购计划来支持 EV 升级，并支持旨在降低电池成本和提高性能的 RD&D 工作。

轻型汽车的燃油经济性

近年来，改善轻型车辆平均测试燃油经济性的进展已经放缓，从 2005-2008 年的年均增长率为 1.8%，2012-2015 年为 1.2%，2014-2015 年仅为 1.1%。若要达到 2DS 目标路径，这一趋势必须扭转，至 2030 年的燃油经济性改善率将达到 3.7%。

从全球来看，近一年来燃油经济性改善的平均速度已经放缓，到 2014-15 年度只有 1.1%。

2017 年建议：从标签和消费者信息出发，引入燃油经济性规定，制定燃油经济性基准，并在尚未实施燃油经济性基准的国家制定燃油经济性改善目标。加强已经存在的国家的监管政策，并将长远的雄心目标公布于众。确保每年的改善率与全球燃料经济性行动(GFEI)长远目标相一致。采取配套政策工具，包括差别化税收和低息贷款，也针对在发达国家和发展中国家之间交易的二手车。

卡车/重型车辆

在全球具有车辆效率标准的国家中，新的重型车辆(HDV)销售额中只占半数以上。未来十年，卡车燃料经济性每年可能提高 10%，因为货运活动增加，不足以抵消排放增长。2DS 目标路径要求 2015 年至 2025 年，重型卡车的年度 WTW 温室气体排放量增长率不得高于 1.75%。

加拿大，中华人民共和国(中国)，日本和美国最近才实施重型车辆效率和温室气体排放标准。其他地方还没有这样的标准，但是需要更广泛地采用这些标准来实现 2DS 目标。

2017 年建议：为尚未应用的主要市场开发新的 HDV 销售的车辆效率和/或温室气体标准(例如东南亚国家联盟[ASEAN]，巴西，欧盟，印度，韩国，墨西哥，南非等)。还需要更好地收集卡车运营数据，以利用此机会来提高系统和物流效率。

国际航运 ~

为了达到 2DS 目标路径，需要全球的船只在 2015 年至 2025 年之间平均每年每公里燃油效率提高 2.3%。然而，由于国际海事组织(IMO)制定的能源效率设计指数(EEDI)仅适用于新船，这导致到 2025 年，船舶年平均效率仅提高 1%。

国际海事组织(IMO)在商定关于减少船舶硫氧化物(SOx)和氮氧化物(NOx)排放的规定方面取得了进展。然而，其温室气体政策仍在考虑之中：到，温室气体的最初战略预计将在 2018 年出现，是预期到 2023 年出现的最终战略的踏脚石。仅在 2023 年之后实施海事组织的最终温室气体战略对于实现 2DS2025 年目标路径的贡献很小。

2017 年建议：加强船舶和 EEDI 排放的执法机制，包括检查，制裁和法律框架，以确保遵守 IMO 措施。激励港口参与鼓励船舶减少温室气体，例如从较差环境表现的船舶收取费用以实施奖惩机制以支持清洁船舶。根据其生命周期温室气体排放量，对运输燃料征收碳税。

航空运输 ～

近期年均燃油效率提高 3.7%已超出航运行业目标。然而，由于化石燃料几乎没有替代品，飞机效率需要继续快速提高，需要增加先进生物燃料的份额，以达到 2DS 目标路径。
预计 2015 年至 2025 年，航空部门的 WTW 温室气体排放量将以每年 2.0%的速度增长。排放量必须在 2025 年之前稳定下来，并在之后快速下降，以达到 2DS 目标路径。

国际民用航空组织(ICAO)最近对新飞机提出的二氧化碳排放标准的改进步伐不足以支持达成 2DS 目标路径。

2017 年建议：根据其生命周期温室气体排放量，对航空燃料实行碳税。使国际民航组织二氧化碳标准的目标与行业减缓目标保持一致(到 2020 年碳中和增长，到 2050 年前效率年均提高 2%，实现到 2050 年与 2005 年相比二氧化碳排放量减半)，并阐述由于最近采用国际航空碳抵消和减排计划(CORSIA)以及其他政策行动，导致的预期排放量节省量。

交通生物燃料 ↗

传统的生物燃料总体可以在 2025 年达到 2DS 要求。然而，2DS 路径要求到 2025 年先进生物燃料要超过 570 亿升。根据预测的 2020 年以前的生物燃料生产增长，到 2020 年需要快速的商业化，2020-2025 期间需要提供二十五倍的产量规模，才能使其与 2DS 目标路径保持同步。

2016 年全球生物燃料产量增长了 2%，明显低于 2010 年的水平。然而，对先进生物燃料的政策支持正在增长，包括在越来越多的欧洲国家宣布先进的生物燃料任务。

2017 年建议：加强先进的生物燃料政策，包括强制要求，限制运输燃料生命周期碳强度的框架，以及先进的生物燃料工厂投资的金融脱险措施，目前成本仍然很高。

建筑 ↗

自 1990 年以来，人均建筑能耗平均每人每年维持在 5 兆瓦时。到 2025 年，这一数值需要降低到 4.5 兆瓦时，以符合 2DS 目标路径。此外，目前对建筑节能的投资并没有达到 2DS 的目标。

去年平均全球建筑能源强度每平方米仅下降 1.3%，但总建筑面积增长了 3%。一些国家的进展是有希望的，但总体而言，至 2025 年，建筑物仍未达到 2DS 目标。

2017 年建议：各国可以立即采取行动，对实施低碳节能建筑作出承诺，并以其国家确定减排贡献(NDCs)为出发点，在全球建筑行业发出扩大行动的明确信号。

建筑围护结构 ～

自 2010 年以来，全球年均建筑围护结构能源强度下降了 1.4%。到 2025 年，建筑维护强度需要改进 30%，以跟上楼面面积的增长和对舒适度的要求。

去年发展中地区建筑能源规范的进展是向 2DS 雄心迈出的积极一步，但三分之二的国家仍然没有强制性的建筑能源法规。

2017 年建议：全球合作应力求确保所有国家实施和执行新建筑和现有建筑物的建筑能源规范和标准，改进执法和核查守则和标准，以克服其实施障碍。

照明，电器和设备 ↗

照明，家用电器和建筑设备的电力消耗需要从过去十年的每年平均增长 3%下降至 2DS 路径的所要求的 1.5%年增长率。

过去两年来加速向半导体照明(LED)的转变令人鼓舞，LED 占 2015 年住宅灯销售总量的 15%(预计 2016 年将增长到近 30%)。在各地市场都需要努力，以确保进度转移到高性能电器和设备上。

2017 年建议：各国应该在最近的“基加协议”下抓住势头，迅速将冷却设备的全球市场推向更高的能源表现。

表 1.3 能源整合

是否如期实现？	最新发展趋势：
● 不能如期实现	↘ 下降趋势
● 有所改进，但需要更多努力	~ 有限发展
● 按目标进行，但需要持续的政策推动	↗ 上升趋势

可再生能源供热 ~

从 2010 年到 2014 年，直接使用可再生能源（高效生物质能，太阳能热能和地热能）增加了 8%。然而，尽管潜力巨大，可再生能源的使用仍然很大程度上尚未开发利用。到 2025 年还需要增加 32% 的直接可再生能源消费量以确保实现 2DS 目标路径。对于太阳能光热，到 2025 年的光热产量要达到三倍，这就要求目前的年度部署率翻一番。	可再生能源供热近年来有所增长，但比可再生能源发电速度慢得多。

2017 年建议：各国政府应制定目标并制定覆盖所有部门的热脱碳战略，并考虑可再生供热部署，热电联供和能源效率改善之间的适当平衡。

储能技术 ↗

由于积极的市场和政策趋势，能量储存部署正在 2DS 的路径上中，但到 2025 年还需要额外的 20GW 的能力。为了继续与 2DS 目标路径保持一致，技术部署要在目前的增长轨迹上继续发展并在未来十年增长二十倍。	2016 年部署储存能力达到 930 兆瓦（MW），特别是非抽水蓄能电池同比增幅超过 50%。

2017 年建议：明确电力价值链中不同步骤的存储状况，以加强储能的系统友好型部署，并改善在垂直整合市场中使用储能的业务案例。

1.4 追踪进展：如何追踪及评价的标准

每年出版的追踪清洁能源发展（TCEP）报告考察了各种清洁能源技术的发展情况。对于每种技术，TCEP 指出其能够进一步驱动全球能源系统达到一个更加可持续及更加安全状态的关键措施。

TCEP 使用在 IEA 2DS 中设定的 2025 中期基准（在 2017 年能源技术展望（ETP 2017）中提出，详见专栏 1.1），以及 IEA 技术路线图中确定的重要节点，来评估技术发展、节能减排措施能否确保实现 2060 年之前步入全球气温升高不超过 2DS 的长期目标路径。TCEP 会评估某一种技术或某一个部门是处在足以确保、仍需改进、不足以确保处于 2DS 目标路径的状态。在可能的情况下，这种“交通灯”的评估提供了一个定量方法来持续跟踪进展。每一种技术的最新趋势由箭头、符号及相关描述重点标注。对于每一种技术的过去趋势也会做出描述。

该报告以具体的技术或能源部门划分章节，并使用图形概述总结关键发现背后的数据。2DS 目标的实现依赖于电力生产、工业、交通和建筑行业中低碳及能效技术的开发和部署（图 1-1）。

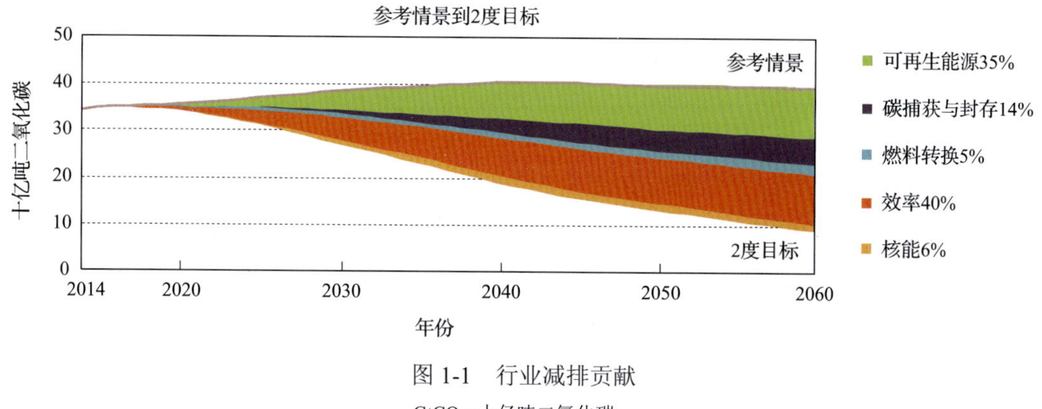

图 1-1 行业减排贡献

$GtCO_2$=十亿吨二氧化碳；

关键点：实现 2DS 目标需要供给侧与需求侧共同做出减排努力，缺一不可

对于每一种技术，TCEP 会分析其近期行业趋势、最新技术的发展情况和当前的相关政策，以确保其符合低碳技术发展途径。使用多个度量，TCEP 会提供对于标题中技术的最新趋势、追踪进展及建议采取行动(这一年中明确的建议)的分析。

追踪整体进度：项目会针对每一种技术对于实现 2DS 目标的进展进行评估，以及提供了达到 2025 年基准情景所需要的前瞻性指标。

每个技术最新趋势情况是以每个技术成功的三个 TCEP 关键指标进行衡量的：技术普及、市场建设和技术发展。

(1)技术普及评估包括：目前技术的普及率是什么情况？技术在整体能源组合所占份额是多少？

(2)市场建设调查：包括政府的政策和法规，有什么机制来鼓励技术部署？在不同地方，参与市场建设的私营部门的技术水平是什么程度？

(3)技术发展探讨：技术的可靠性、效率和成本是否发生变化？如果是，是以什么速度变化？公共及私营部门对技术 RD&D 的投资水平是多少？

行动建议：政策措施，克服实现 2DS 目标困难需要的实际行动。“2017 年建议”基于技术部分的新进展，强调的是为每一个部门或者每一个技术在所取得的进展和研究结果的基础上推荐下一步的行动。

专栏 1.1 能源技术展望 2017(ETP2017)中的情景

ETP 模型包含了四个互连的多技术模式，这个模型涵盖了能源供应、建筑、工业和运输部门。根据不同部门，模型框架包括了 28～39 个地区或国家。ETP 2017 将分析时期扩展至 2060 年，超过了之前 ETP 出版刊物 2050 年的时间框架。

ETP 情景由反应短期内已知趋势的预测及实现预期长期结果所需要发展路径的“倒推”构建的。ETP 情景是对 IEA 世界能源展望(WEO)的补充。

2℃温升情景(2DS)勾画出了一个能量系统发展路径及 CO_2 排放路径，至少有

50%的机会在 2100 年将全球平均温升限制在 2℃以内。从现今的水平到 2060 年，每年能源相关的二氧化碳排放量将减少 70%，以及在 2015～2100 年，CO_2 累积排放量约为 1170Gt(包括工业过程排放)。为了完成这个目标，由于化石燃料燃烧及工业过程产生的 CO_2 必须在 2060 年之后保持持续下降，以及必须在 2100 年之前达成能源系统中的碳中和。2℃目标仍是 ETP 最重要的能源缓解情景，并且 ETP 认为，它对于全球能源系统来说，是一个非常有雄心以及极具挑战性的目标，因为要实现这个目标，相比于现今的努力，今后还需要更大的努力。

其他 ETP 2017 情景可能会用于比较，但不需要去追踪。参考技术情景(RTS)考虑了现今各国家所做的关于减排和提高能源效率的承诺，这些承诺包括了在巴黎气候协定中所做的自主减排承诺。RTS 要求从现今到 2060 年期间，相关政策和技术必须发生重大意义的转变，以及在此之后排放量大幅下降，这样才能保证在 2100 年，全球平均气温仅上升 2.7℃①。

上升幅度不超过 2℃情景(B2DS)探讨如何对可行的技术进行合理部署或者有创新的发展模式可以引领最终温升不超过 2℃。为了在 2060 年达到净零排放，能源系统中技术改进和合理部署会提升到最大的可行上限，并且在保持净零排放的基础上，不强求重大的技术突破及严格的经济增长限制。应用这种“技术推动”方式，在 2015～2100 年，累积 CO_2 排放量约为 750Gt，这样将有 50%的可能性使得平均上升温度为 1.75℃。

1.5 追踪清洁能源进展及巴黎气候协定目标

巴黎协定是一个具有历史意义的里程碑，它建立了评估减排目标进展的各种方法。国际能源署充分利用其各种追踪活动，为能源系统转型提供全面的图景，并帮助评估实现多个能源政策目标的进展，其中包括巴黎气候协定的长期目标。这些度量和追踪可以帮助国家识别他们是否要考虑额外的努力和相关政策，以及识别出对于为实现众多目标而制定相关决策的意义。

根据《巴黎气候协定》，开发了一套“透明机制”用以帮助追踪各个国家确定减排贡献(NDCs)的完成情况及所取得的进展。协议还将在 2018 年建立一个对话机制，盘点减排进展与长期目标的差距，其中包括平均上升温度低于 2℃的目标。最后，协议鼓励各国根据长期的低排放发展战略，指导国内政策的制定。IEA 能源数据和指标、TCEP 低碳技术追踪及追踪能源领域相关投资趋势都能够促进建立 2018 年对话机制和开展全球定期盘点。

在 2017 年，对 189 个国家进行 NDCs 的关键词检索，结果显示 188 个 NDCs 提到能源，168 个提到能源效率，147 个提到可再生能源，10 个提到核能，以及 11 个提到 CCS②。

① RTS 情景与 WEO 新政策情景一致(NPS)，2DS 情景与 WEO450 情景一致。
② UNEP，2017。

其中35个国家在NDCs中对于能源指标，设立了特定的目标框架，这些目标框架中都包括可再生能源的目标或清洁能源供应，同时15个国家也设立了能源效率和能源需求的目标。

追踪能源系统转型对于理解国家和全球温室气体减排目标的完成进展和优先事项至关重要。这种追踪需要根据不同的部门制定不同的指标、时间框架(短期与长期)和水平(能源部门变化驱动因素的详细指标及汇总的结果)(见专栏二)。在一个众多维度下度量下产生的信息还将帮助国家发展NDCs以符合如在巴黎协定①以及本国在本世纪中叶长期的低温室气体排放战略倡议的那样的全球长期温度控制目标。它还将有助于确保这些NDCs与其他许多目标相兼容，如能源安全和经济发展。

度量标准不仅可以用来监控操作，还可以用来帮助指导未来决策；为完成已承诺目标是如何影响它们的政策制定，以及它们是如何展现其雄心的。达到巴黎气候协议温度控制目标意味着，即使在短期内，对排放预算的限制也很严格。在2℃目标中，到2060年的二氧化碳预算中的38%预计将在2025年使用完毕，这意味着短期措施发挥着非常重要的作用。某些短期的行动，比如今天在长期基础设施的投资(如建筑和发电厂)可能不会明显影响NDC时期的温室气体排放，但将是长期排放的重要驱动因素之一。但今天的行动也可能会降低成本，提高长期低碳技术的性能(例如RDD&D)。

因此，能源指标可以为政策制定者和投资者提供指导，使其能够制定与多个能源政策目标相一致的长期排放路径，以及支撑这些目标的直接政策重点。许多超出NDC跟踪的重要指标将通过《巴黎气候协定》透明机制正式出台，这些指标对于更好地执行下一轮NDCs的五年集体盘点和制定国家长期低排放发展政策至关重要。

近期，IEA的追踪和指标将会在对话机制中发挥重要作用，对话机制将在2018年出台，这是对《巴黎气候协定》长期目标完成情况的集体评估。在2020年NDCs发挥作用之前，指标将用于在对话中促进2030年NDC目标的修订及改善短期行为与NDCs长期目标的一致性问题。同样，指标可以为其他事项提供关于可持续能源转型所带来的益处的有用信息，包括能源安全、能源负担能力和空气污染。

专栏 1.2　追踪能源部门转型：结果与驱动因素

少数高水平的能源指标可以为整个能源行业的进展和趋势提供一个综合观点，识别能源行业的基本驱动因素及能源部门变化的结果。例如，新建发电厂的二氧化碳强度是一个驱动指标，而发电的平均二氧化碳强度是一个结果指标。新增装机容量的平均碳排放强度自2005年以来下降了27%(IEA，2016d)，但每生产1千瓦时电力仍需要大约排放100克二氧化碳，到2025年，这个指标还需要大幅下降。到2060年时，在2DS目标路径中，全球发电平均排放强度需要从目前的524克二氧化碳/千瓦时减少到接近0克二氧化碳/千瓦时(图1-2)。指标应该全面跟踪能源生产

① 每个国家的NDC旨在知悉全球盘点(global stocktake)对协议长期目标进展情况的结果(第4.9条)。

（如石油、天然气、电）和使用（如建筑、交通和工业）的变化。

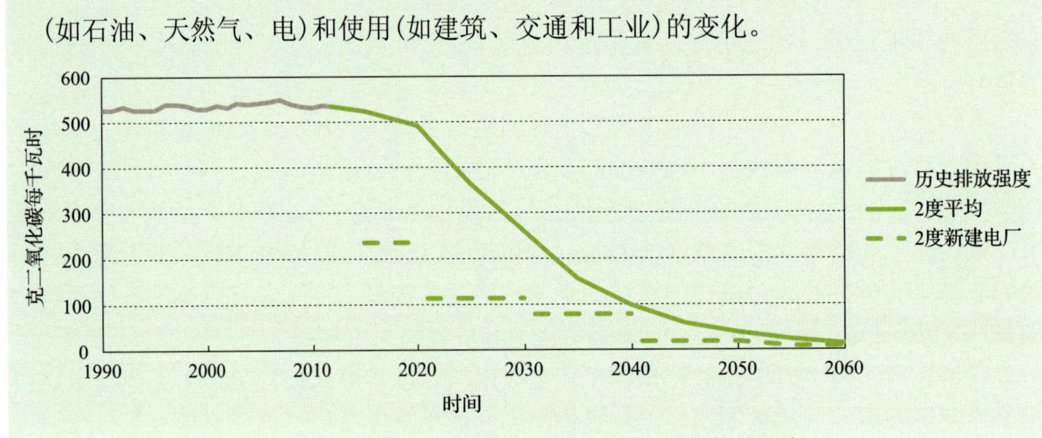

图 1-2　2DS 下全球电厂及新建电厂平均排放强度

关键点：需要追踪不同种类的指标以理解现状和未来趋势

结果指标对于实现巴黎气候协定目标至关重要，因为它们可以有效地追踪能源系统的整体状况。然而，还需要一套更广泛的指标来理解能源部门的演变，以及支持建立健全的国内政策。追踪特定行业或技术的驱动指标可以确定哪里需要改进，并反馈给相关政策制定方。TCEP 采用了大量的指标来分析最近的行业趋势、最新的技术发展和当前的政策目标，以识别在低碳技术发展道路上取得的进展。ETP 分析框架提供了对潜在技术选择的长期前瞻，以确保巴黎气候协定目标的实现。追踪能源部门投资也使评估短期行为与长期目标保持一致。世界能源投资报告考察了能源转型的一个关键指标：在某一年所安装的产能投资揭示了即将到来的能源系统的雏形。

第 2 章　追踪清洁能源进展

2.1 可再生电力

● 有所改进，但需要更多努力

↗ 上升趋势

在成本降低和旨在加强能源安全和可持续性及改善空气质量的政策驱动下，2016 年可再生能源发电的装机容量增量继续创历史新高。根据国际能源署《可再生能源市场中期报告 2016》，未来五年内可再生能源发电量的增长将主要由陆上风电和太阳能光伏推动。它们也是唯一为达到 2DS 目标路径而如期推进的两项技术。需要尽快采取行动以解决可再生电力所面临的特定政策和技术挑战，以便与 2DS 目标保持高度一致。

1) 最新趋势

2016 年全球可再生能源发电量增长约 6%，占全球电力产量的 24%左右。水电仍然是可再生能源的最大来源，约占 70%，其次是风电(16%)、生物能源(9%)和太阳能光伏(5%)。2015 年，并网可再生能源发电装机容量的净增量创历史新高，达到 153 吉瓦，比 2014 年高出 15%(图 2-1)。可再生能源首次占到新增电力装机容量的一半以上，并在世界累计装机容量方面超过了煤炭。

2016 年，太阳能光伏发电新增装机容量超过风电，创历史新高，即将达到 70～75 吉瓦，比 2015 年增长近 50%。2016 年中国并网太阳能光伏装机容量比 2015 年增加了一倍以上，达 34.5 吉瓦。开发商急于在 2016 年 8 月按照计划降低上网电价(FiTs)之前接入他们的项目。在美国，太阳能光伏装机容量的年增量翻了一番，2016 年将超过 14 吉瓦，日本紧随其后(7.5 吉瓦)。随着英国经济增长放缓，欧盟年度太阳能光伏市场在 2016 年下降至 5.5 吉瓦，减少了三分之一。印度年度太阳能光伏增加量翻了一番，去年并入电网的产能增加了 4 吉瓦(图 2-2)。

陆地风力发电装机容量在 2016 年增长了 50 吉瓦，比 2015 年减少了约 15%。这一下降主要是由于中国新增了 19 吉瓦的陆地风力发电，这明显低于 2015 年的 32 吉瓦，那时开发商们急于完成项目从而从当时更高的上网电价(FiTs)中获益。然而，尽管装机容量增长放缓，但去年中国的“弃风”电量约 50 太瓦时(TW·h)，全国平均弃风率由 2015 年的 15%上升至 2016 年的 17%左右。由德国和法国主导的欧盟的增量超过了 11 吉瓦，其次是美国(8.2 吉瓦)、印度(3.6 吉瓦)和巴西(2.5 吉瓦)。2016 年，全球海上风电新增装机容量预计将比 2015 年下降三分之一，由于英国和德国在建项目停滞，欧洲的年并网容量下降了约一半(图 2-2)。

自 2013 年以来，水电新增装机容量已连续三年呈下降趋势，其中中国的新增装机变少(12.5 吉瓦)。巴西新增了近 5 吉瓦的装机容量。2016 年，CSP 装机容量增长了近 0.3 吉瓦，几乎全部来自非洲。摩洛哥努尔瓦尔扎扎特发电厂的首期工程，一个拥有 3 小时存储空间的 160 兆瓦抛物槽电厂，已投入使用，而南非则委托给两家工厂。

在过去的一年中，公用事业项目的可再生能源政策继续从政府设定的价格转向长期购电协议的竞争性招标价格。到 2016 年，近 70 个国家采用拍卖/招标方案来确定支持水平，而 2010 年则低于 20 个国家。虽然第一批采用的主要是新兴经济体(巴西和南非)，但这一趋势现已扩展至成熟的可再生能源市场(欧盟和日本)。投标已成为首选的政策选择，因为它们将竞争性定价与数量控制结合起来，并且可以支持可再生能源的成本效益部署。因此，去年在拉丁美洲、欧洲、北美、亚洲和北非等多个市场出现了创纪录的低价格。

如图 2-3 所示，在智利和阿拉伯联合酋长国，太阳能光伏开发商签署了低于 30 美元/兆瓦时的项目合同，创下了全球历史新低。在墨西哥的能源拍卖中，太阳能光伏和陆上风电的中标价在 28 美元/兆瓦时到 55 美元/兆瓦时。在印度，与 2015/2014 财年相比，2016 年太阳能光伏合约价格平均下降幅度超过了三分之一，达到 55 美元/兆瓦时。对于海上风电，荷兰(55 美元/兆瓦时到 73 美元/兆瓦时)和丹麦(65 美元/千瓦时)签订了一个近海项目的创纪录低价合约，这不包括电网的连接成本。这些合同价格公告反映了预计将在 2017～2020 年投入使用的一部分项目的成本，不能与所有运行项目的平均发电成本(较高)进行直接比较。然而，它们意味着成本的快速降低，可承受性的增加，可再生能源对决策者和投资者吸引力的提高。

2)进展追踪

可再生能源发电预计将在 2015～2021 年增长 36%，成为全球发电量增长最快的电力来源。预计到 2021 年，其发电量将超过 7650 太瓦时，但需要进一步加速，并在 2021～2025 年再增长 26%，使可再生能源发电量与 10300 太瓦时的 2DS 目标路径保持高度一致。

到 2025 年，太阳能光伏和陆上风电是唯一两种仍在实现其 2DS 目标的可再生能源发电技术(图 2-4)。在强大的政策支持和进一步降低成本的预期的推动下，未来 5 年内，太阳能光伏发电量预计将上升三倍，陆上风能发电量将翻一番。这一增长是由中国和美国推动的，中国的“十三五”规划宣布了更高的目标，美国在国家层面对政策环境持续支持，联邦税收减免延续多年。拍卖政策预计会加速印度太阳能光伏的增长；然而，并网和公用事业财务健康方面的挑战阻碍了印度可再生能源目标的更快增长。在欧洲，太阳能光伏和陆上风电的增长预计会随着激励的削减，国家和欧盟层面的政策不确定性及仍然面临挑战的过剩产能而放缓。

随着欧盟各国正在全力实现由技术进步、超预期的成本减少和改善的电网连接所驱动的 2DS 发电目标，该目标下的海上风力发电进展也随之改善。此外，随着中国经济表现的提升，这一部署预计将加速在中国实施。水电还需要改进才能达到其 2DS 发电目标(图 2-4)。

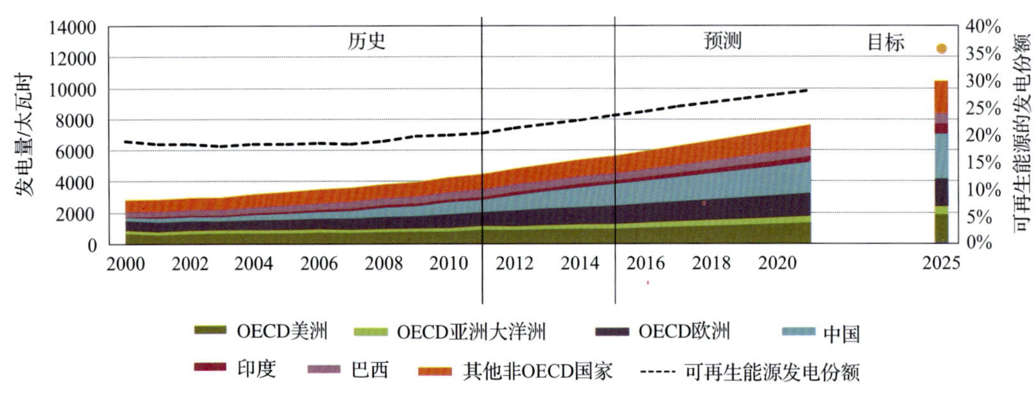

图 2-1　按地区划分的可再生能源发电总量

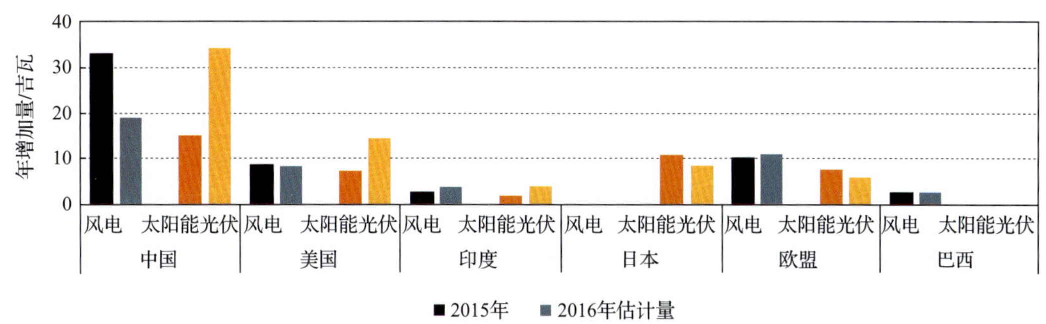

图 2-2　2015 和 2016 年风电和太阳能光伏年增加量(估计量)

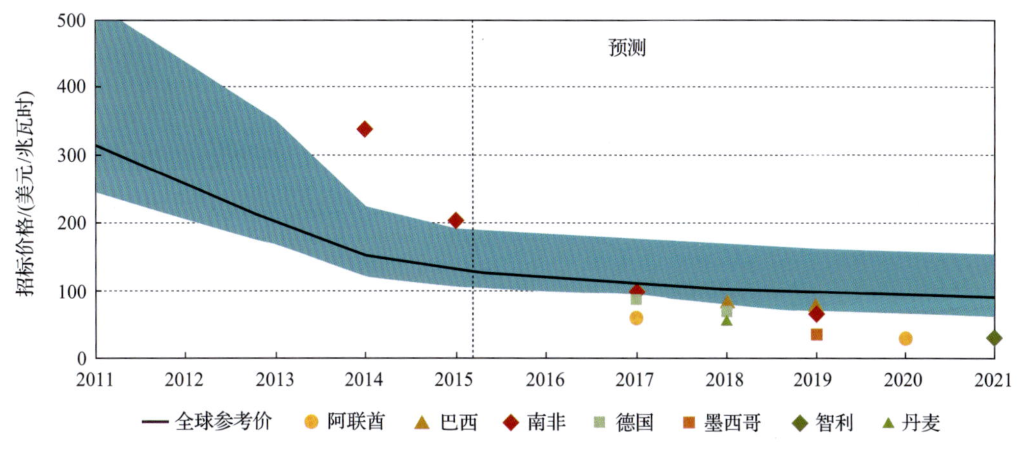

图 2-3　太阳能光伏平准化度电成本(LCOE)和合同价格

总体而言，日益增加的环境和社会担忧减缓了中国大型项目的发展，由于其产生的巨大影响，与前 6 年相比，水电新增装机容量预计将在 2015～2021 年放缓(图 2-4)。然而，尽管大型项目的环境和融资问题依然存在着挑战，东南亚、拉丁美洲和撒哈拉以南非洲的新兴市场中水电的大幅增长预计将势头强劲。

其他可再生能源技术无法实现其 2DS 目标。如图 2-4 所示，对于 CSP 来说，增长主要来自新兴经济体，特别是南非、中国和摩洛哥，其中拥有更长储存时间的最大的发电厂预计即将上线。然而，投资成本仍然很高，需要更好的储存能力来开展进一步的部署。对于生物能源，尽管亚洲的前景更加乐观，随着混烧和垃圾发电的增加，大多数发电成本仍然高于传统的替代品。地热开发前的风险总体上仍然很高，钻井成本在过去十年中一直在增加。海洋技术具有巨大的潜力，但需要更快地降低其成本。

3) 行动建议

2016 年，由于主要市场的政策改善，主要用于风能和太阳能技术的成本的降低及改善空气质量的努力，可再生能源发电的前景在中期更加乐观。然而，可再生能源发电仍然面临低于长期 2DS 发电目标路径的风险，只有太阳能光伏和陆上风电处在 2DS 路径上。

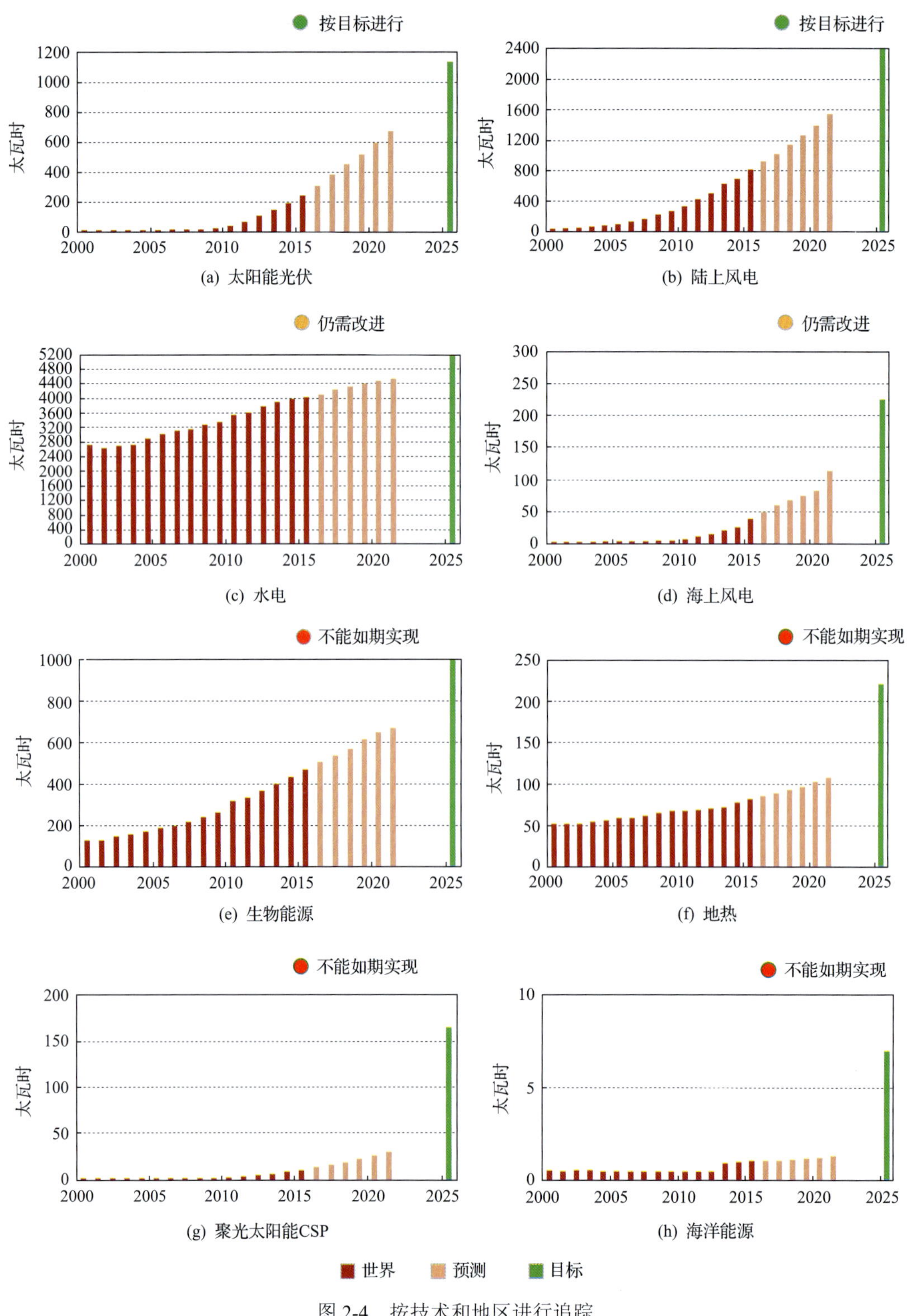

图 2-4　按技术和地区进行追踪

可再生能源发电的快速增长需要政策改进，重点是应对三个主要挑战。首先，决策者应该实施稳定、可预测和可持续的政策框架，为开发可再生能源带来更大的收入确定性，并减少政策不确定性。第二，政策应该解决基础设施的挑战和市场设计问题，以促进可再生能源电力的并网。第三，各国应制定政策机制，以降低融资成本，降低承租人风险，特别是对发展中国家和新兴经济体而言。

此外，一些政策也可以解决技术方面的挑战。这些政策可以包括：更好地补偿 CSP 储能和抽水蓄能技术的市场价值，确保及时的电网接入和持续实施刺激竞争的政策，以实现海上风电成本进一步降低，改进政策以解决地热能源发展前期的风险，并且推进针对海洋技术的大型示范项目。其他必要的行动将涉及开发手段，以反映更广泛的可持续生物能源的补充政策驱动因素，如农村发展、废物管理和调度能力，特别是对竞争性可再生能源拍卖框架而言。

2.2 核　电

● 有所改进，但需要更多努力
～ 有限发展

自 1990 年(核电新增装机容量 10 吉瓦)以来，核电在 2016 年呈现出最快的装机增长。新建工程持续波动，2016 年在上一年度 8.8 吉瓦核电的基础上降至开工 3.2 吉瓦，并且过去十年的年均新增核电装机容量为 8.5 吉瓦。未来每年需要增加 20 吉瓦的核电装机容量以满足 2DS 目标。

1) 最新趋势

核电约占电力总产量的 11%和低碳发电量的三分之一(图 2-5)。虽然《巴黎协定》不具有技术特性，但在 2016 年底提交的 163 项“国家自主减排贡献”计划中，只有 10 个国家在国家战略中明确提到了核能。这些国家包括具有雄心勃勃核电发展计划的国家(例如中国和印度)。运营核电厂(NPPs)①过早关闭仍然是实现 2DS 目标的主要威胁。在由低价天然气主导的开放市场中，美国的许多核反应堆面临关闭的风险，核能大部分被排除在对其他低碳发电技术的财政激励之外。在 2016 年，由于安全性审查，法国很大部分的核能发电停止运行②。

预计亚洲核电增长依然最为强劲，因为中国发布了一项新的五年规划，到 2020 年将其 2015 年的装机容量增加一倍以上，达到 58 吉瓦(净值)，到时还会有 30 吉瓦(净值)的在建装机容量。但是，考虑到 2016 年底已运营的 31.4 吉瓦(净值)和在建的 21.5 吉瓦(净值)装机容量，中国很可能会多花一两年才能达标。韩国也给出了核电大量增长的预测，从 2016 年的 23 吉瓦增加至 2029 年的 38 吉瓦。俄罗斯在 2016 年减少了核电量预测，并指出这一减少是为了更好地符合减少的电力需求预测。在英国，政府对整个项目进行审查后，对 Hinkley Point C 差价合约进行了最终批准，EDF Energy 于 2016 年 7 月作出了最终投资决定。波兰将其实施核计划项目的决定推迟到了 2017 年中期，理由是先为波兰寻找到一个合适的融资模式。越南由于其较低的电力需求和与煤炭相比核电技术的高成本，放弃了建造两座核反应堆的计划(图 2-6)。

---

①～② 请参阅第 97 页的技术概要说明。

在技术方面，目前正建的大多数核反应堆是第 III / III+型设计。 第一个 APR1400 和 VVER1200（俄罗斯 Novovoronezh 2）在 2016 年并网。基于阿根廷的 CAREM 反应堆和俄罗斯与中国的浮动（floating）核电厂，继续开发和部署小型模块化反应堆（SMR）设计的努力仍在继续。在美国，NuScale Power 向美国核管理委员会提交了首个针对 SMR 的设计认证申请。所有这些 SMR 的装机容量都是 100 兆瓦或更小（图 2-7）。

2）进展追踪

根据最新的“红皮书”（NEA 和 IAEA，2016），到 2025 年，总装机容量预计将达到 402～535 吉瓦;在 2DS 目标中，到那时，全球核能需要达到 529 吉瓦。考虑到目前装机容量为 413 吉瓦，新增在建装机容量为 66 吉瓦，短期目标的进展呈积极态势。未来 3～4 年已规划建设了另外 20 吉瓦的核电装机容量，与 2025 年 2DS 目标路径的主要差距约为 30 吉瓦，如果开工率达到 2009～2010 年的水平，可以实现这一差距的发电量。然而，由于一些国家淘汰政策所导致的退役，在其他国家长期经营的限制或与其他技术相比竞争力的丧失都可能会抵消这些收益。到 2025 年，可能会损失高达 50 吉瓦的发电能力。如果没有采取行动去解决由于非技术因素造成的发电能力的减少，那么离 2025 年 2DS 目标的装机容量将很可能差 70～90 吉瓦，除非每年的并网容量与 2016 年相比翻一番③。

3）行动建议

增加核电的部署将有助于缩小与 2DS 目标的差距，并实现公认的核能潜力，为全球脱碳作出重大贡献。这需要为已有及新增的装机容量提供明确和一致的政策支持，包括与核能一起发展的其他清洁能源的清洁能源激励计划。此外，需要努力减少由于不确定性导致的投资风险，例如有明确要求的许可和选址过程及在获得最终批准或决定之前不需要大量的资本支出的许可和选址过程。核电行业必须采取一切可行措施来减少建设和融资成本，以保持经济竞争力。

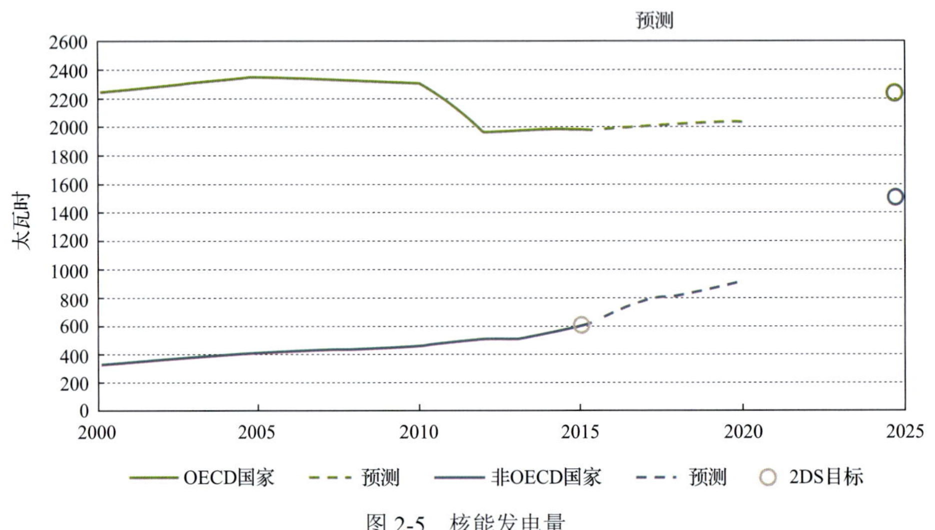

图 2-5　核能发电量

10GW 新增核电装机容量（2016 年），是自 1990 年以来最高的增量

③ 请参阅第 97 页的技术概要说明。

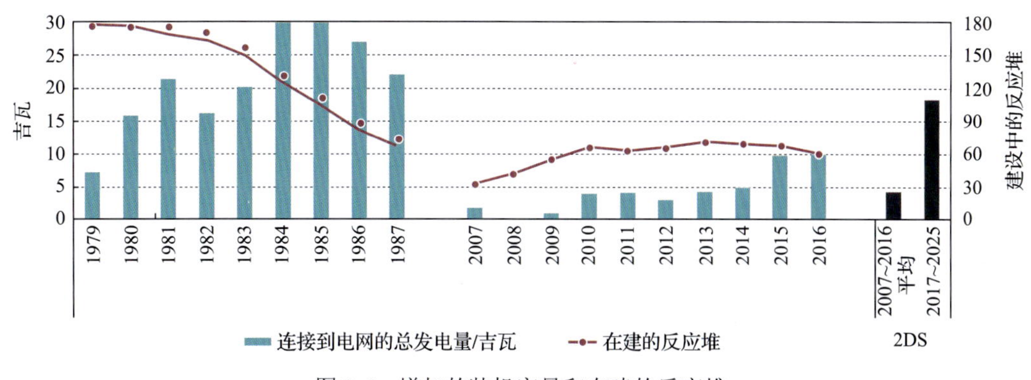

图 2-6　增加的装机容量和在建的反应堆

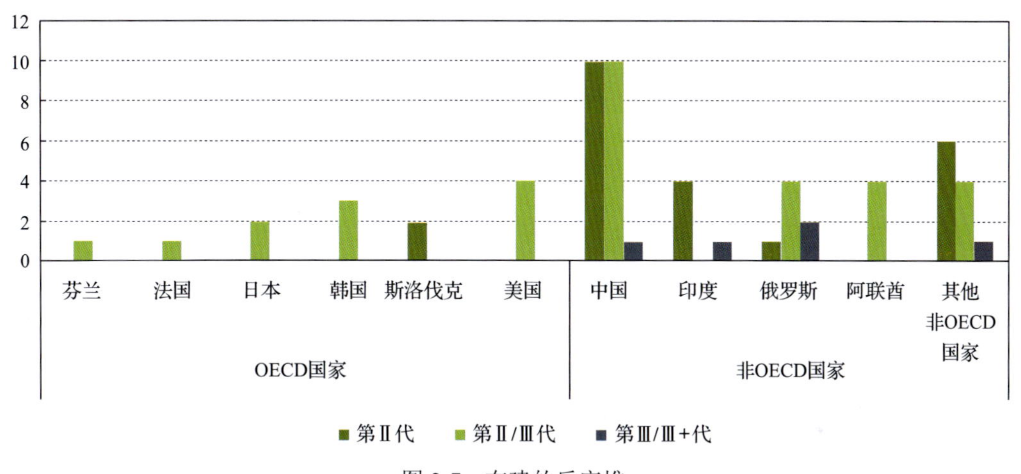

图 2-7　在建的反应堆

2.3　天然气发电

● 有所改进，但需要更多努力

～ 有限发展

天然气发电将在 2DS 减排情景下发挥重要作用，可以替代没有减排措施的基荷燃煤发电。天然气发电在 2014 年增加了 2.2%，达到了 5.155 万亿千瓦时。虽然这一增速与达到 2025 年 2DS 减排情景所需的年均增速(2.4%)基本一致，但是 2013 年装机量的下降，以及区域之间的巨大差异也是减排过程中的挑战(图 2-8)。

1) 最新趋势

OECD 国家的天然气发电扭转了前两年的下降趋势，在 2015 年增加了 7.1%，达到了 2.803 万亿千瓦时。美国 2015 年的天然气发电达到了历史高位(1.374 万亿千瓦时)，而且美国国内的煤改气在 2016 年依然势头强劲。欧洲的天然气发电尽管在 2015 年和 2016 年增长迅速，但是仍然低于 2008 年的巅峰水平。亚洲的 OECD 国家(日本和韩国)的天然气发电在 2015 年下降了 5.7%。在非 OECD 国家中，天然气发电在 2014 年增加了 5.6%，达到了 2.54 万亿千瓦时。而且，其增长势头在 2015 年和 2016 年依然强劲。尽管大部分区域的天然气发电表现出了增长趋势，但是中东地区的国家占据了大约一半的增量份额(图 2-9)。

2015 年的天然气发电投资为 310 亿美元，相比于 2014 年下降了 40%，这些投资使得天然气装机容量增加了 0.46 亿千瓦。联合循环发电机组占据了大约四分之三的装机容量增量。而且，这些新增的装机容量中，超过一半是来自于中东、中国和美国。在很多发展中国家，基础设施建设依然是气电发展的重要制约因素，因为需要天然气管网才能利用(当前)液化天然气的低价格优势，但是目前的管道建设依然不足。因此，燃煤发电依然是很多地区首选的发电技术。美国的天然气价格低廉，煤电厂正由于经济和环境因素逐步退役，美国天然气投资增长稳定，尽管其装机容量增量相比于之前有所放缓。

无论对于新建的还是改装的天然气发电机组，一个重要的设计参数在于其发电机组灵活性。天然气发电机组的爬坡能力、启动时间、转换比和低负荷运行对于其效率改进至关重要。新的保温材料和冷却技术可以使天然气发电机组拥有更高的温度和更高的效率，天然气联合循环发电机组(CCGT)目前的效率已经超过了 60%，而且预计在下个十年内达到 65%。最好的开式循环燃气轮机(OCGT)的效率已经从 1990 年的 35%，增长到了如今的 42%。

2)进展追踪

天然气发电在 2DS 情景下具有双重角色：首先，它的灵活性可以促进可再生能源并网。其次，它是相对于燃煤发电更低排放的发电方式。2DS 情景下，煤改气是近期直至 2025～2030 年的重要趋势，燃气轮机和联合循环将会取代煤电机组的配置。天然气发电在未来十年内的年均增长率为 2.4%。尽管这一比例小于 2014 的实际增长率(2.2%)和过去十年的平均增长率(3.9%)。但是增长路径中的波动依然很大，而且区域之间呈现出了较大差异，这也表明了天然气发电增长的脆弱性。

另外，天然气发电机组在效率和灵活性上的进步使其为更多的间歇性的可再生能源并网提供了支持，也可以作为短期内燃煤发电机组的替代。无论是相对于煤电，还是其他能效技术和可再生能源发电技术，天然气已经变得更具有竞争力，而且已经在很多地区的低碳电力发展过程中发挥作用(图 2-10)。

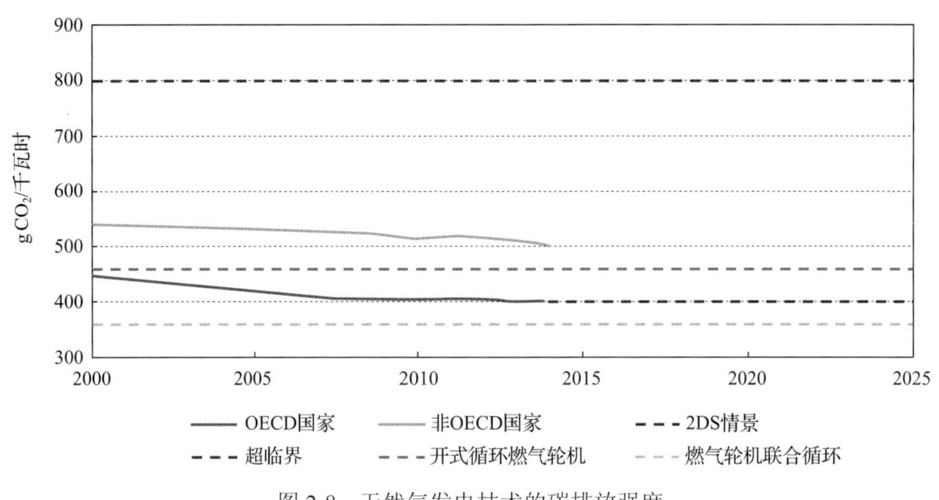

图 2-8　天然气发电技术的碳排放强度

2016 年，美国天然气发电量第一次超过了煤电

3) 行动建议

天然气相对于其他发电技术的竞争力取决于所在地的市场条件。碳价、最大排放限额和严格的排污标准已经被证明是提升天然气发电竞争力的重要政策因素。而且，技术中性的市场机制可以保持电力供应的稳定性。天然气也是碳排放的来源之一，因此需要投入足够 R&D，以降低其碳排放，或者考虑安装 CCS，因为如同煤炭一样，天然气仍然是碳密集型的发电技术，对于实现 2DS 的长期目标具有挑战。

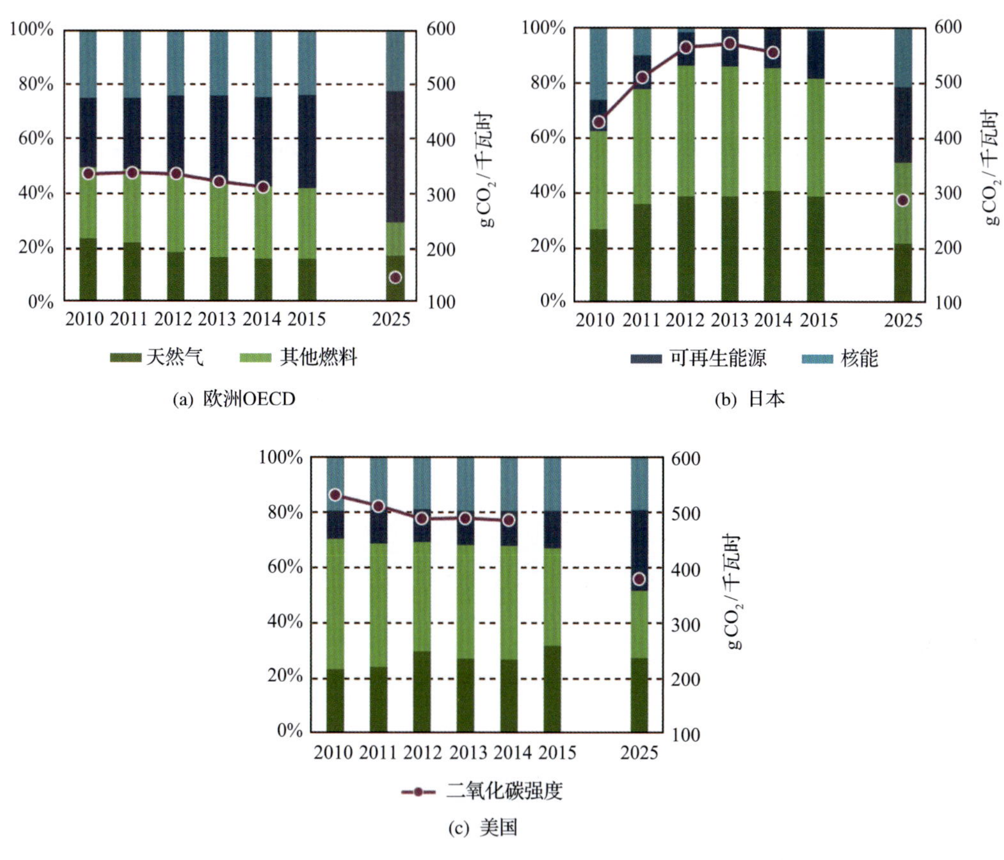

图 2-9　发电组合及碳排放强度

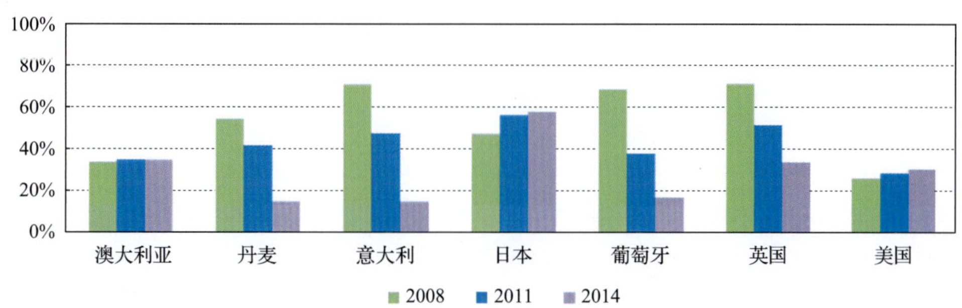

图 2-10　天然气发电的容量因子

310 亿美元在 2015 年投向了天然气发电厂

● 不能如期实现
～有限发展

2.4 燃煤发电

燃煤发电占据了全球超过 40%的份额，是主导性的发电技术。虽然燃煤发电量增长放缓，为在 2025 年达到 2DS 目标路径，燃煤发电产生的碳排放将需要年均下降 3%。2015 年全球煤电装机容量增量为 0.84 亿千瓦，其中，约 0.25 亿千瓦是亚临界发电技术。在 2DS 路径下，没有减排措施的新增装机容量的建设必须放缓，亚临界燃煤技术的建设应该被取消(图 2-11)。

1) 最新趋势

2014 年，全球煤电的发电量为 9.69 万亿千瓦时，仍然占据较高的发电份额(41%)(图 2-12)。而且，与 2013～2014 年 0.7%的发电量增速相比，在 2015～2016 年的发电量增幅有所下降，但是仍然存在显著的地区差异和年度差异。煤电在美国等发达国家中正呈现出急速下降的趋势，但是发展中国家的煤电依然保持增长。

OECD 国家在 2015 年的煤电发电量为 3.201 万亿千瓦时，相比于 2014 年下降了 7.5%(0.26 万亿千瓦·时)，达到了一个新的历史低位(3.201 万亿千瓦时)。其中，主要的下降来自于美国，由于天然气发电和可再生能源的增加，其 2015 年的煤电发电量相对于 2014 年下降了 14%(0.239 万亿千瓦时)。OECD 国家电力需求增长仍然缓慢，其煤电份额从 2014 年的 32%下降至 2015 年的 30%。

在非 OECD 国家中，中国的煤电在 2015 年呈现出了下降趋势①。尽管燃煤发电量减少，中国 2015 年新增了 0.52 亿千瓦的煤电装机容量，而且有 1.5 亿千瓦的装机容量正在建设之中。印度是世界第三大煤炭消费国家，其燃煤发电在 2015 年增长了 3.3%，而且由于需求增速放缓，这一数字相比于 2014 年 11%的增长有所放缓。

2) 进展追踪

尽管近期煤电发电量的增长相对于过去的增速均值有所放缓，但是在 2015～2016 年间仍然有达成新的建设煤电机组的合约。2015 年新增的 0.84 亿千瓦的煤电装机，约有 30%(0.25 亿千瓦)是亚临界技术。而且，全球大约有 2.8 亿千瓦的煤电装机容量正在建设之中，其中 10%为亚临界技术。基于 2DS 的情景预测，煤电产生的碳排放会在 2025 年前年均下降 3%(图 2-13)。而且，为了实现 2DS 的目标路径，煤电发电量需要在 2020 年后出现下降，而且这一现象会首先从低效发电技术的发电量减少中看出。

3) 行动建议

政策措施需要解决长期和短期的燃煤发电带来的问题。最后，长期的碳价信号需要提供足够的投资激励，从而促进低碳转型。短期来看，碳价和更严格的污染控制可以用来降低碳排放和局地污染，并限制和最终废除亚临界的燃煤发电厂。例如加拿大和英国的排放标准对于英国的碳价支持。在非 OECD 国家，特别是很多新兴经济体，煤电仍然会在近期增加。新增煤电机组应该利用更高效的技术(目前使用超临界和超超临界)，而

① 请参阅第98页的技术概要说明。

且，在可行的地方实施 CCS 改装。另外，煤电厂应该具有足够的运行灵活性去平衡电力供给和需求，去支持可再生能源并网。

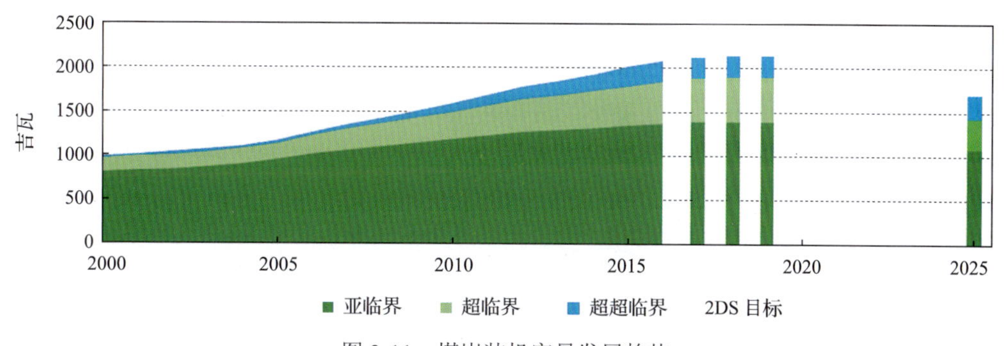

图 2-11　煤炭装机容量发展趋势

75%的印度电力来自于燃煤发电

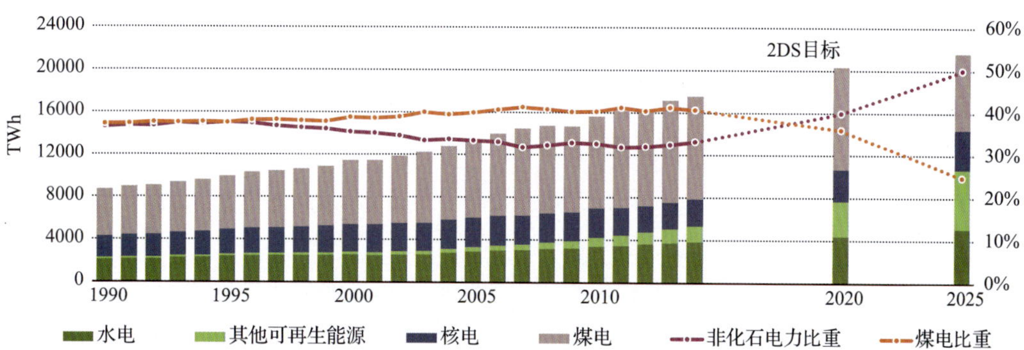

图 2-12　煤炭和非化石能源发电量

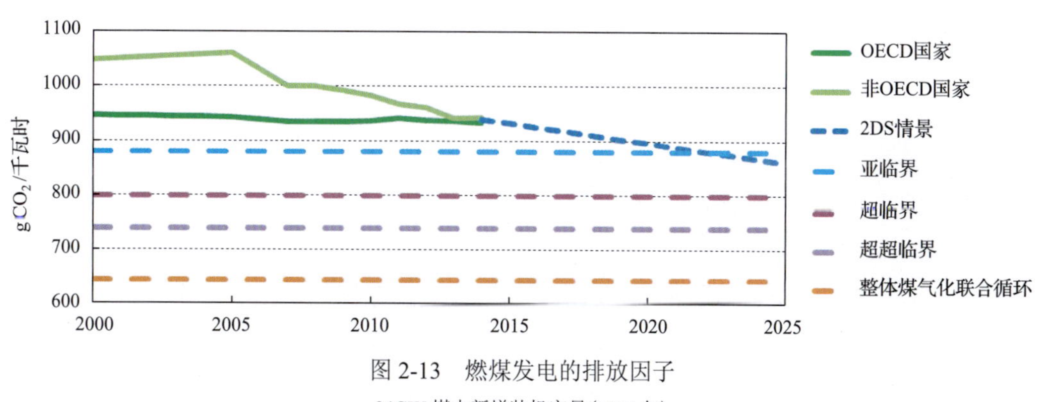

图 2-13　燃煤发电的排放因子

84GW 煤电新增装机容量(2015 年)

2.5　碳捕获与封存(CCS)

● 不能如期实现

↗ 上升趋势

全球的大规模 CCS 项目数量正持续增长，第一个钢铁 CCS 项目在 2016 年投入运营，最大的煤电 CCS 项目在 2017 年 1 月启动。然而，碳捕获与封存技术仍然需要以数十倍的增长来满足 2DS 在 2025 年的目标，长期来看，强调 CCS 在应对气候变化的重要性并给予支持至关重要。

1) 最新趋势

2016 年是挪威的 Sleipner CCS 项目成功运营的第 20 年，已经在一个北海附近的一个盐水含水层中存储了将近 0.17 亿吨二氧化碳。世界上最大的钢铁 CCS 项目也在 2016 年在阿布扎比投入商业运营，每年的捕获量为 80 万吨二氧化碳①。在 2017 年开始时，Texas Petra Nova 成为了最大的安装在现存电厂的燃烧后碳捕获系统，每年的捕获量为 140 万吨②。伊利诺伊工业 CCS 项目是世界上第一个与生物质能相关的项目。日本 Tomakomai 项目也在 2016 年 4 月开始封存二氧化碳，尽管这个项目算不上大项目(年捕获量为 10 万吨)，这个项目会展现出二氧化碳封存在海底的可行性③(图 2-14)。

另外，两个项目也将在 2017 年开始上线，使得全球大规模运行的 CCS 项目增加至 19 个④。挪威政府在 2017 年预算中，核准了 0.45 亿美元用于持续的大规模 CCS 示范项目⑤。石油天然气气候行动组织(OGCI) 同样也宣布计划在未来的十年内使用 10 亿美元用于发展二氧化碳和甲烷的减排技术。

2) 进展追踪

目前的 CCS 技术提供的减排路径不能达到 2DS 情景中在 2025 年存储 4 亿吨二氧化碳的要求。目前的 17 个正在运行的大规模项目拥有的年捕获能力为 0.3 亿吨二氧化碳⑥。捕获和封存率需要提高 10 倍以达到 2025 年的 2DS 情景目标。另外，生物质能的二氧化碳捕获和封存项目可以在 2025 年提供将近 0.6 亿吨二氧化碳的负排放量。CCS 项目的稳定发展和运行对于其实现 2DS 情景的目标至关重要(图 2-15)。

尽管在 2016～2017 年间投入运行的项目数量大量增加，但是在 2016 年没有关于新规划 CCS 项目的积极信号，导致了关于 CCS 的部署进程停滞的担忧。而且，开发中的 CCS 项目数量也在过去的几年中出现了缩水。目前，10 个项目处于开发阶段，其中有 5 个在建设之中，5 个处于深度规划之中，而这一数目相比于 2015 年的 18 个少了 8 个。

3) 行动建议

政府应该评估 CCS 在应对气候策略中的价值。早期的 CCS 部署需要金融和政策支持以使得带来深度的碳减排。目前缺乏足够的政策支持正在阻碍 CCS 的进展，也就意味着实现长期碳减排目标的可能性(图 2-16)。而且，IEA 国家中与 CCS 相关的公共研发投资也呈现出了下降的趋势，这一现象应该被逆转(图 2-17)。

对地质封存二氧化碳的投资应该是政策上的首要选择，而且政府的领导力也非常必要。协调和大量的二氧化碳封存评估项目需要去证明其在关键的区域范围内安全和可行。考虑到发展二氧化碳存储设施需要较长的提前期，这些努力需要现在就开始行动。政府和企业需要保证合适的规划和开发大规模的二氧化碳运输和储备设施，而且可以考虑跨国寻找可行区域。

---

①～⑥ 请参阅第98页的技术概要说明。

创造分离二氧化碳运输和封存的商业条件可以解决一体化项目面临的挑战，并减少二氧化碳捕获技术在电力和工业企业中运用的投资成本。

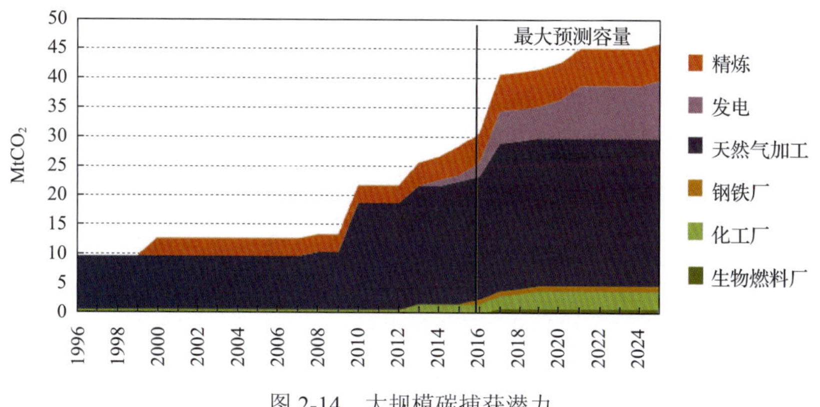

图 2-14　大规模碳捕获潜力

参见第 98 页的技术概要说明

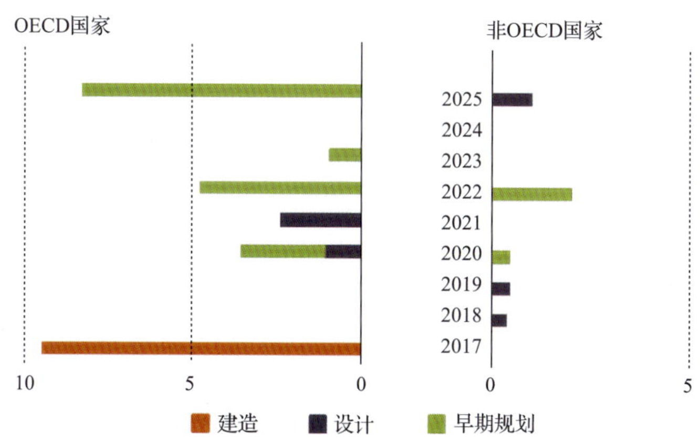

图 2-15　容量增量（Mt CO_2）

参见第 98 页的技术概要说明

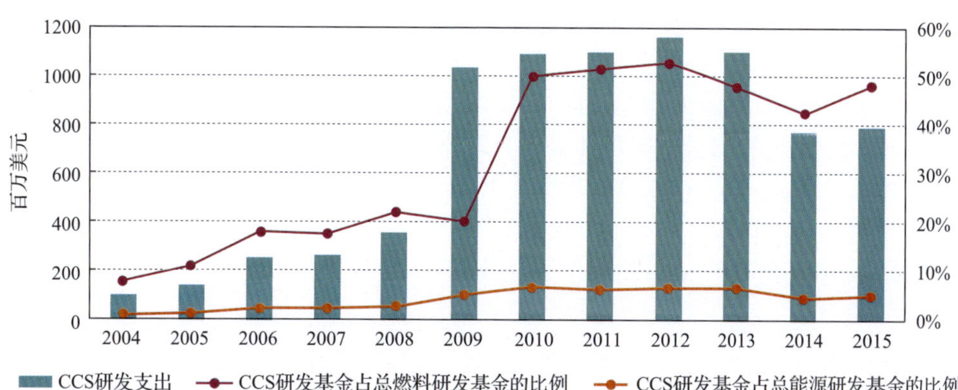

图 2-16　IEA 成员的公共研发基金

参见第 98 页的技术概要说明

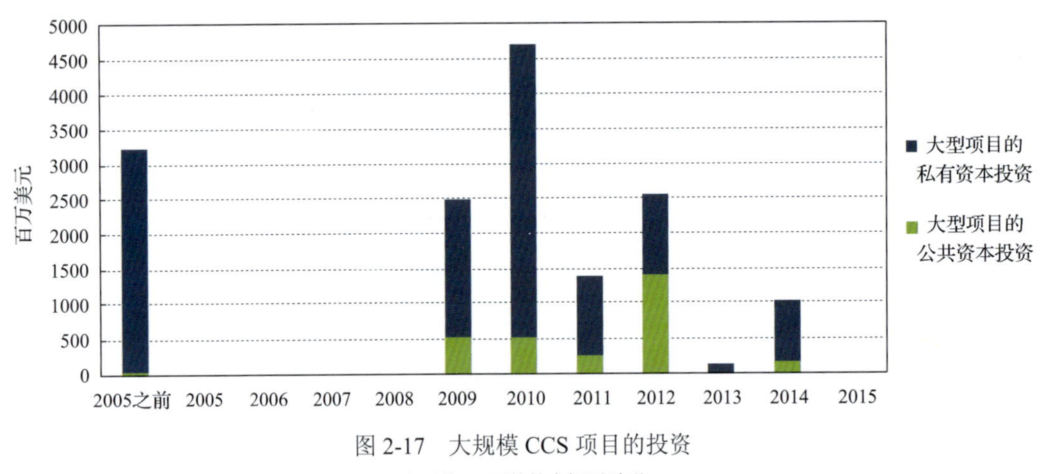

图 2-17 大规模 CCS 项目的投资

参见第 98 页的技术概要说明

2.6 工　业

● 有所改进，但需要更多努力

↗ 上升趋势

2014 年，工业部门[①]的终端能源消费量为 154 艾焦耳(EJ)[②]，占全球终端能源总消费(TFEC)的 36%。随着工业部门终端能源总消费的增长，能源密集型工业部门的长期产量增长趋势仍在继续，2014 年同比增长了 1.3%。尽管未来的生产仍会持续增长，能源消费量年增长率必须限制在 1.2%，以维持在 2℃情景(2DS)路径的水平，这还不到 2000 年以来 2.9%年增长率一半的水平。工业生产与二氧化碳排放的脱钩效应对于实现 2℃情景路径同样至关重要，相比于参考技术情景(RTS)下 1.1%的年增长率，预计 2014～2025 年工业二氧化碳排放的年增长率在 0.1%的水平。在 2℃情景下，工业二氧化碳排放需要在 2020 年达峰(图 2-18、图 2-19)。

1) 最新趋势

2010 年以来，工业部门的能源消费量每年增长约为 1.5%。近年来，煤炭消费增长最快，是 2000 年以来的两倍之多(图 2-20)。非生物质可再生能源，如太阳能和地热能，自 2000 年以来增加了 80%，并且 2014 年增长率达到了 7%，在所有燃料中增长势头最为强劲。这个现象在一定程度上可以由工业各分部门比重不断变化和生产区域不断变化所带来的结构性影响来解释。尽管如此，工业可再生能源使用的增长仍然是一个令人鼓舞的迹象。

工业能源使用最高增长率出现在非经合组织(OECD)国家。2014 年，OECD 国家的工业用能增长 0.2%，而非 OECD 国家为 1.9%。并且非 OECD 成员国在不断增加全球工业能源消费量的占比份额，在 2014 年达到了 69%，高于 2000 年的 49%。2014 年，中国(增长率 3.1%)和印度(4.3%)的能源使用增长势头最为强劲。

2) 进展追踪

能源密集型工业部门在迈向最佳实践和提高过程能源效率方面取得了进展。2014 年，工业二氧化碳排放量[③]达到 8.3Gt，占全球二氧化碳排放量的 24%(图 2-21)。ISO 50001

①～③ 请参阅第 98 页的技术概要说明。

是工业能源管理体系认证，2015 年持续部署达到 12000 多个试点，不过 90%的试点位于北美和欧洲地区，在其他地区的部署有限。全球范围内，废品回收也呈上升趋势。长期的使用寿命和缺乏统一的国际工业脱碳政策对工业部门造成了特殊的挑战，但是能源密集型产业已经取得了一些进展，需要加快实现 2℃情景。与 2000～2014 年 2.9%的工业终端能源消费年增长率相比，2014～2025 年的年增长率必须限制在 1.2%以下，以期达到 2DS 路径。

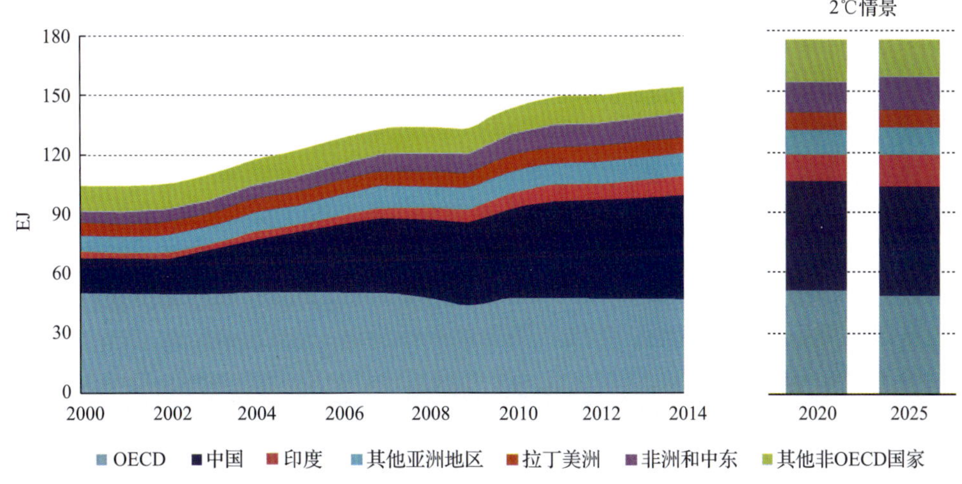

图 2-18　各地区的工业终端能源消费量

2014 年，五个能源密集型部门占据工业能源使用量的 69%。参见第 99 页的技术概要说明

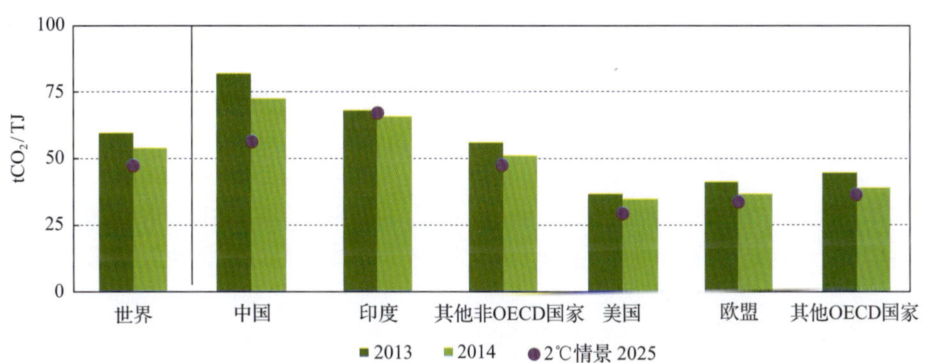

图 2-19　各地区的工业能源消费 CO_2 排放强度

参见第 99 页的技术概要说明

(1)化工和石油化工。

过去的 40 年里，化工和石油化工部门在全球终端能源消费中的比重大约从 6%增长到了 10%，而且这种能源投入越来越多地被用作原料，这意味着化工和石油化工部门的地位日渐突出及工艺过程能源效率的提高。北美天然气的价格走势促使着向轻质原料的转变。2025 年之后的长期脱碳需要额外的工作，包括继续朝着减少碳密集型生产工艺而努力，改善过程能源强度，改进最终产品的回收利用，以及不断研究创新性的、尤其是

生物基技术的生产路线。

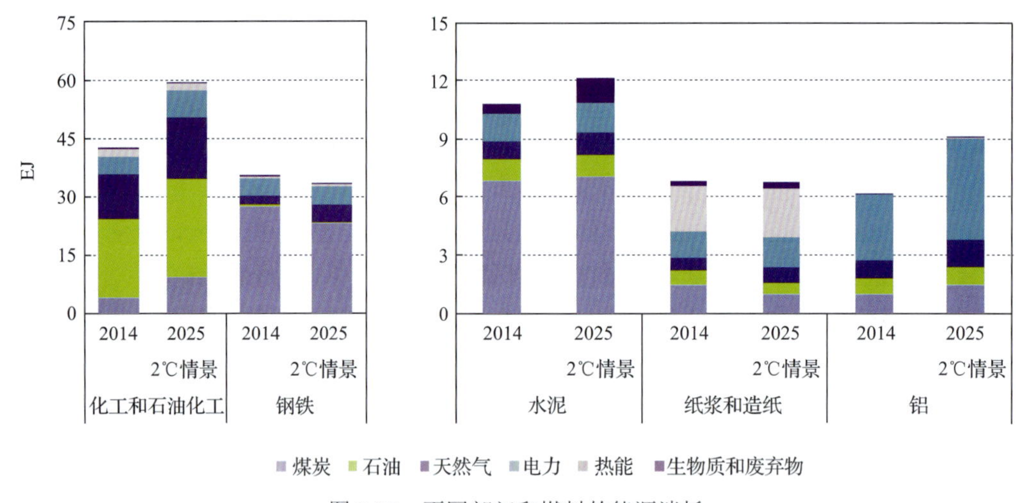

图 2-20　不同部门和燃料的能源消耗

参见第 99 页的技术概要说明

(2) 钢铁。

2014 年，全球 30%的粗钢产量来自电弧炉炼钢工艺(EAFs)，2010 年时这一数字还是 29%[④]。全球粗钢的吨钢综合能耗从 2011 年的 20.7GJ/t 略增至 2014 年的 21.3GJ/t。虽然附加的物料效率和回收利用是实现 2℃情景的重要策略，但是废钢的可获得性决定了电炉钢比重的上限。新的生产工艺会在后期的 2DS 中发挥重要作用，如直接还原铁和熔融还原创新技术会促进碳捕捉与封存(CCS)的应用。短期减排主要来自于能源强度的改善(到 2025 年占据该部门累计二氧化碳减排量的 47%)，以及更多地转变为以废钢为基础的电炉钢生产技术(到 2025 年占据该部门累计二氧化碳减排量的 26%)(图 2-22)。

(3) 水泥。

随着高效干窑取代旧窑，水泥窑的耗热能源强度在持续改善。2014 年熟料比平均约为 0.65[⑤]，然而有一些地区存在巨大的潜力，可以通过使用新的和现有的熟料替代品，来进一步提升熟料比，从而降低水泥部门的二氧化碳排放。全球范围内，生物质能约占热能消耗的 2.0%，废弃物占据了另外的 3.3%；在 2℃情景下，到 2025 年两者占比总额预期达到 12.4%(图 2-23)。化石燃料的比重在世界范围内继续呈下降态势。石灰石煅烧产生的二氧化碳排放依然是水泥部门面临的重大挑战，替代产品和工艺(包括 CCS 和新型低碳水泥)的持续研发仍然是该部门达到 2DS 的关键途径。

(4) 铝。

原铝冶炼和氧化铝精炼的能源强度呈持续下降趋势，2013 年原铝冶炼世界能用强度平均水平下降 1.9%，氧化铝精炼下降 5.3%[⑥](图 2-24)。尽管 2014 年铝的总产量同比增加了 6.7%，却依然有 31%的铝产量来自废铝生产，这一比例与 2013 年几近相同[⑦]。为实现 2℃情景路径，需要不断地对原铝和二次铝的废料和能源消耗(SEC)进行回收再利用，

④～⑦ 请参阅第 98～99 页的技术概要说明。

同时专注于可替代生产路线的研发，特别是那些可以解决初炼过程中产生二氧化碳排放的方法，例如惰性阳极法。此外，由于这是一个电力密集型部门，还应考虑采用低碳电网的方案，包括需求侧管理和脱碳电力来源。

(5)纸浆和造纸。

由于收入增长抵消了数字技术取代印刷和书写纸的影响，纸张和纸板产量随着家庭和卫生用纸需求的增长在不断增加。尽管最近的产量增长速度已经超过了能源消耗增长速度，表现出一种脱钩现象，并且 2014 年的废纸回收利用率也提升到了 55.3%，上述的结构性效应依然会带来一定的影响。纸浆和造纸部门的能源使用已经包含了很大比例的生物质燃料和生物基副产品。能源强度的改进及系统层面的思考(包括副产品的利用、制浆造纸厂的整合、工厂与电网或其他有供热和电力需求的场所的集成)，将会在 2DS 中发挥越来越大的作用。能源消费的增长率必须限制在每年 0.1%的水平以满足 2DS 的要求，同时二氧化碳排放量必须每年下降 1.7%，而在参考技术情景(RTS)中这两个数值分别为 0.2%和 0.9%。

3)行动建议

整个工业部门在 2025 年之前的减排依赖于最佳可行技术(BAT)的实施和能源效率的不断提高。提高废品回收率，利用这些废品来补偿原材料的初次生产，将会大大降低生产的能源强度和排放强度，因此，这种方法应该得到推广。各部门还应考虑工业废品和副产品可持续利用的可能性，以及回收过剩的能量流。这些现有解决方案的实施，特别是低成本、低风险的商业可行性流程和技术，将成为 2DS 早期过渡阶段的关键驱动因素。决策者应当制定这样一个政策框架，鼓励脱碳的同时考虑到碳泄漏和竞争力的影响。

从长远来看，进一步减少工业二氧化碳排放需要创新性的新型低碳工艺路线和产品。为了确保这些工艺和技术的未来可用性，该部门应在近期内着眼于低碳生产和减排方案的研发。此外，在试点和商业规模方面需要进行创新性技术的部署。这种部署需要跨公司、跨部门和跨国界的合作。因此，应该加快现行工作，制定政策框架，以鼓励低碳创新。

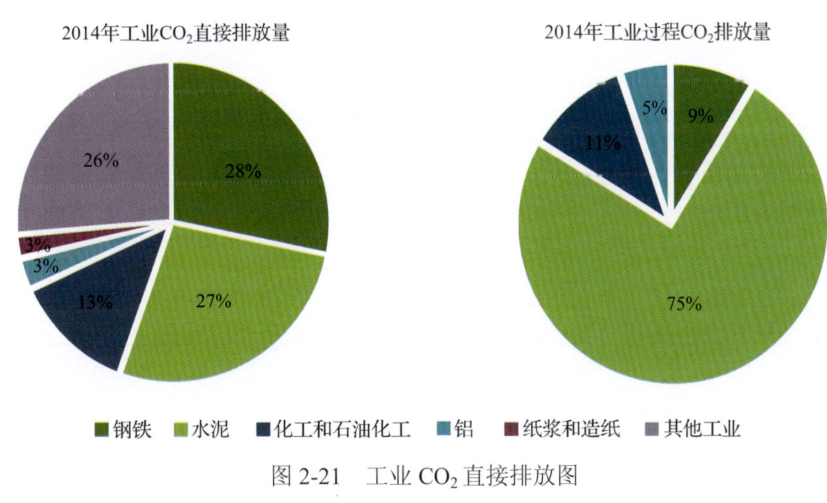

图 2-21　工业 CO_2 直接排放图

参见第 99 页的技术概要说明

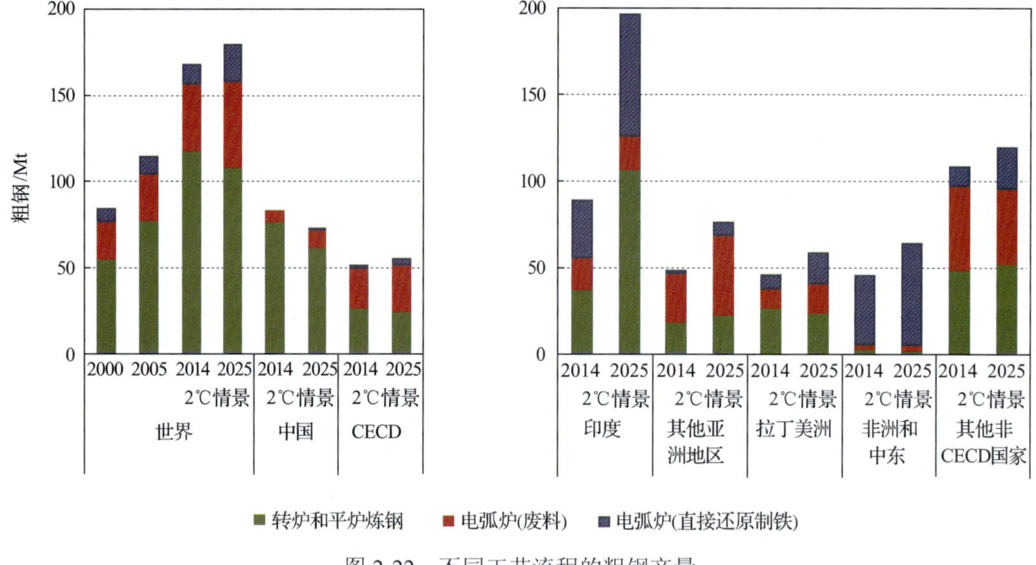

图 2-22　不同工艺流程的粗钢产量

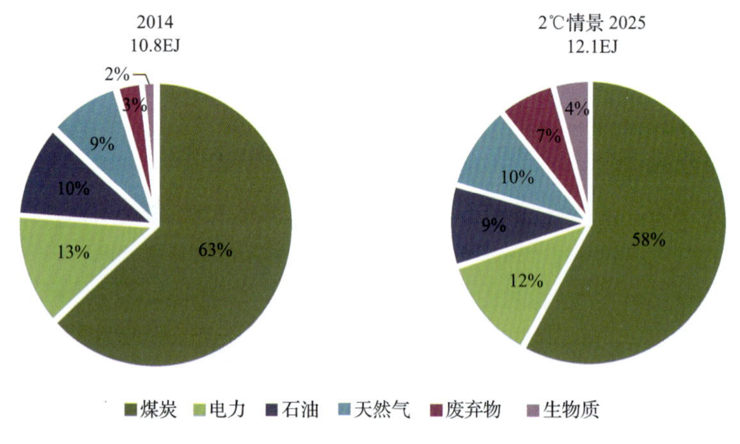

图 2-23　水泥生产能源使用分布

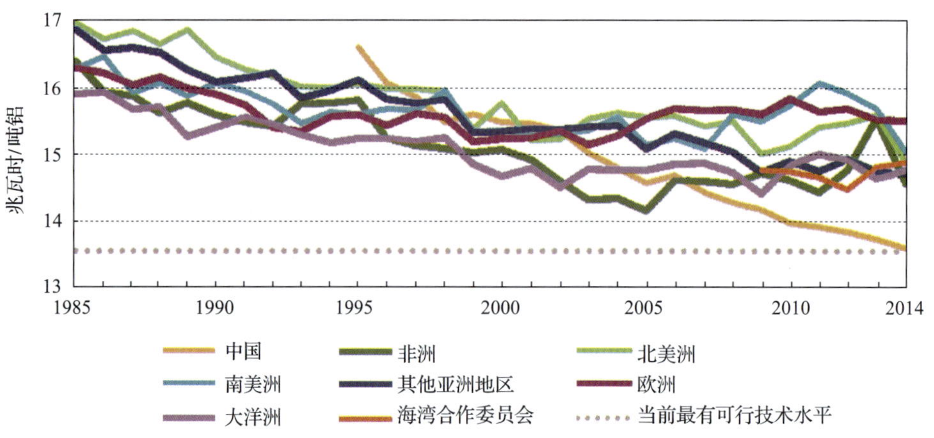

图 2-24　原铝冶炼电力强度

2.7　化工和石油化工

● 有所改进，但需要更多努力

↗ 上升趋势

化工和石油化工部门依然是最大的工业能源使用者，在 2014 年占据了工业终端能源消费的 28%。该部门的总能源投入中，58%用作原料消耗。为了保证 2℃情景，自 2014 年至 2025 年，化工和石油化工部门过程能源消耗的年增长率必须保持在 3.6%以下，直接二氧化碳排放增长率应低于 3.6%，这段时期初级化工产品[①]的需求预计将增加 47%。

1) 最新趋势

高附加值化工产品(HVCs)[②]、氨和甲醇的全球产量逐渐恢复到了世界金融危机期前的水平。自 2009 年至 2014 年，三者的产量分别以 19%（HVCs）、13%（氨）和 51%（甲醇）的速度在增长(图 2-25、图 2-26)。

近年来，化石燃料领域的重大变化对全球原料组合产生了重大影响。值得注意的是，美国的页岩热潮加剧了天然气价格的区域差异，致使依赖于轻质原料[③](如乙烷和液化石油气)的美国化工生产商在成本上具有明显优势。伴随着化石燃料的变化，全球乙烷蒸汽裂解产能在 2010 年至 2014 年增加了 16%。

2014 年，HVCs、氨和甲醇的生产占据了化工和石油化工部门能源使用总量的 73%。这些生产包含了大批量的工序，高附加值化工产品的单位能耗实际值[④]为 12.5～34.6GJ/t，氨为 10.4～31.4GJ/t，甲醇为 11.6～25.1GJ/t[⑤]。

利用生物基生产初级化工产品和下游化工产品是一种有前景的脱碳途径。初级化工产品的生物路线主要存在于中试规模中，包括生物乙醇制乙烯、基于生物质的氨和甲醇生产。2014 年全球生物塑料生产能力总计达 170 万 t，但是与 3.11 亿 t 的塑料材料总需求量相比相形见绌。

2) 进展追踪

2000～2014 年，化工和石油化工部门的过程能源消耗[⑥]、与能源相关的 CO_2 直接排放量的平均年增长率分别为 2.3%、2.6%(图 2-27)。能源作为石化原料，同期年增长率为 2.3%，同时其发挥了重要作用，占到部门能源消耗的一半以上和二氧化碳直接排放量的 19%。到 2025 年，该部门的过程能源消耗、与能源相关的 CO_2 直接排放量的平均年增长率必须分别保持在 3.6%、2.8%以下，以满足 2℃情景路径。未来能源价格、与原料相关的 CO_2 排放量及对化工产品需求的演变可能会是向低碳生产长期转型的挑战。

2014 年，高附加值化工产品、氨和甲醇生产的过程能源使用占该部门终端能源消费的 32%。在 2℃情景中，到 2015 年这一比例会略上升至 33%。该部门主要产品过程能源强度的全球平均水平分别下降了 13%(HVCs)、5%(氨)和 15%(甲醇)，而由于向高收率原料的转变所带来的节能比例超过了上述能源强度的下降比例。

相比于参考技术情景，到 2025 年 2℃情景下绝大部分的 CO_2 直接减排量来自于能源效率的提高和向轻质燃料与原料的转变，二者分别贡献 78%和 18%。剩下 5%的贡献是

①～⑥ 请参阅第 99 页的技术概要说明。

通过提高塑料回收率实现的。到 2025 年，塑料废品的回收率、回收收益率和再生聚合物替代原始树脂消费(即减少降低回收)的程度都在稳步增长。与参考技术情景相比，在 2025 年，2℃情景下这些增长会节省 980Mt 的初级化工产品。

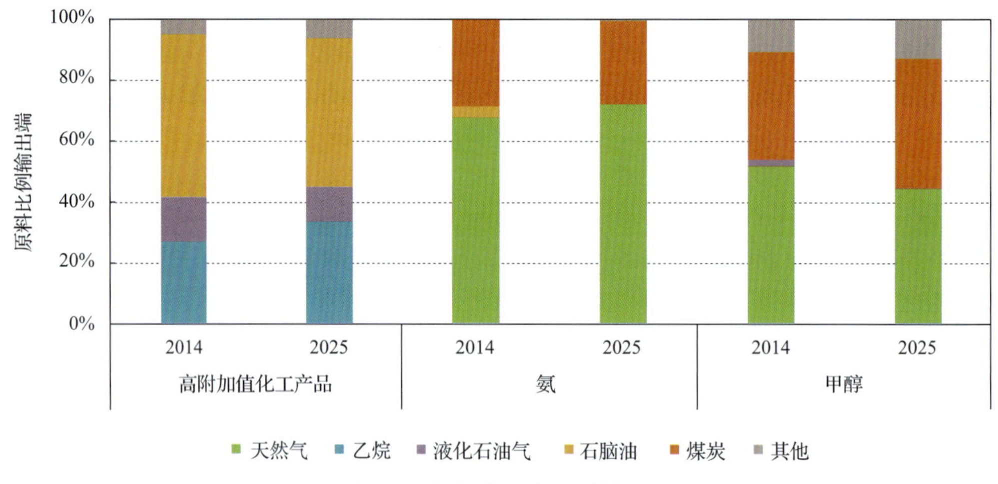

图 2-25　初级化工产品原料比例

2014 年，化工和石油化工部门占据工业能源消费的 28%。参见 99 页的技术概要说明

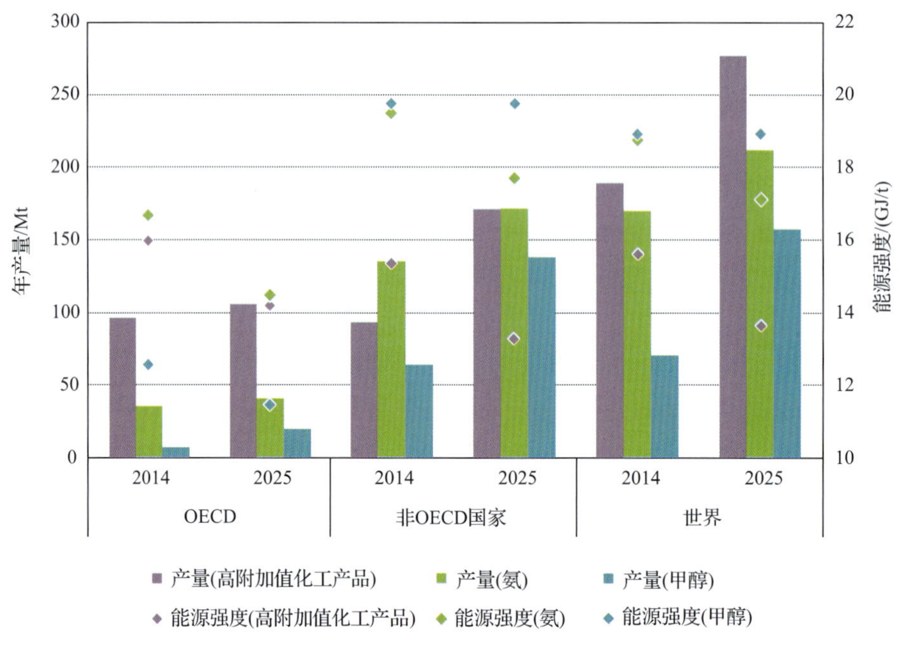

图 2-26　初级化工产品的产量和能源强度

参见第 99 页的技术概要说明

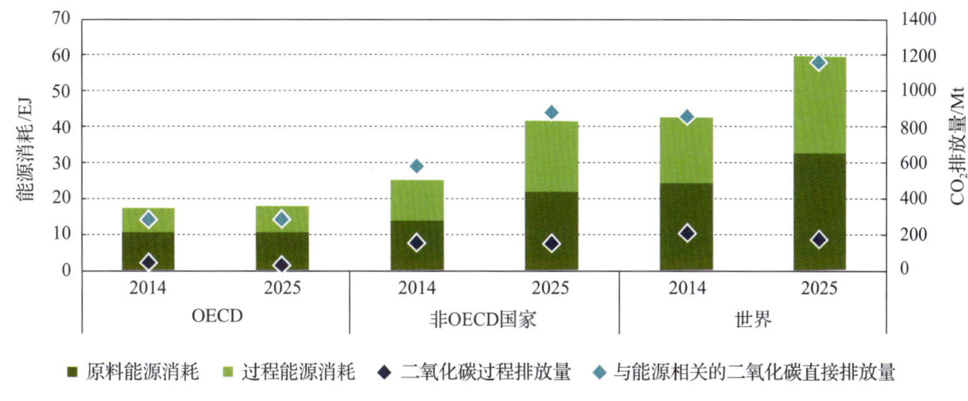

图 2-27　整个部门的能源消耗与 CO_2 排放

3) 行动建议

短期至中期内，应该优先考虑两类特定部门的减排措施。第一类是发扬现有工厂运营商的最佳实践，以降低关键生产过程的能源和排放强度。第二类是去除障碍，以加强资源节约型生产和废物处理能力。确保价格信号始终可以激励整个化工产品价值链的资源效率策略，这样能够促使积极的行动。如果在全球范围采取集体行动，那么对竞争力的损害就会降到最低。

在化工和石油化工部门，公开的统计数据的质量和数量均有待提高。对上述政策举措的评估需要详细可靠的统计数据。

2.8　纸浆和造纸

● 有所改进，但需要更多努力

↗ 上升趋势

2014 年，纸浆、造纸和印刷部门[①]占工业能源消耗的 5.6%(图 2-28)。尽管 2000 年之后其在工业能源使用中所占的比例在持续下降，该部门仍然是工业部门耗能大户之一，在向低碳能源系统转型的过程中发挥着重要作用。与 2014 年的水平相比，尽管产量在不断增长，该部门到 2025 年能耗必须下降 0.8%，非生物质 CO_2 直接排放量必须下降 17%才能实现 2DS。

1) 最新趋势

自 2000 年之后，由于人口的增长、收入的提高以及消费品运输中对包装材料需求的增加，导致对家庭用纸和卫生用纸的需求增加，纸张和纸板的年产量增长了 23%(联合国粮农组织，2016 年)(图 2-29)。这种变化趋势弥补了在日益数字化的时代下对印刷纸和书写纸需求量的减少。随着废纸回收和循环利用率的不断提高，木浆在纸张生产中[②]所占的比例在不断下降，从 2000 年的 52%降到了 2014 年的 43%(联合国粮农组织，2016 年)。

2014 年，主要用于现场公共事业设备的化石燃料占当年能源消耗总量的 42%。通过转向使用低碳燃料，对这些公共事业设备进行脱碳，可产生重大的影响。

由于副产品的使用，生物质能源在纸浆和纸张的生产中占有很高的能耗比重。预计每吨牛皮纸纸浆[③]可产生 19GJ 的黑液[④]，这种纸浆黑液可用于蒸汽和发电。锯末、木屑

①～④请参见第 100 页的技术概要说明。

和其他木材废料(称作“薪材”)通常会在现场焚烧掉。预计每吨木浆可产生 0.7～3.0GJ 的薪材。

2) 进展追踪

自 2000 年以来，尽管纸张和纸板的产量增长了 23%，但该部门的能源使用量只增加了 1%，这意味着能源使用和产量的增长之间发生了脱钩。然而，结构效应(如产品结构或生产区域的变化)也能够影响能源的使用。由于数据的质量问题，难以得出具体的关于能源强度变化趋势的结论。

废纸的回收再利用率一直在稳步上升。2014 年，再生纸使用量在总的纤维配料中占到了 55.3%，高于 2000 年的 44.3%和 1990 年的 33.9%。预计这一增长趋势将会继续，2℃情景下到 2025 年可达到 57.6%。

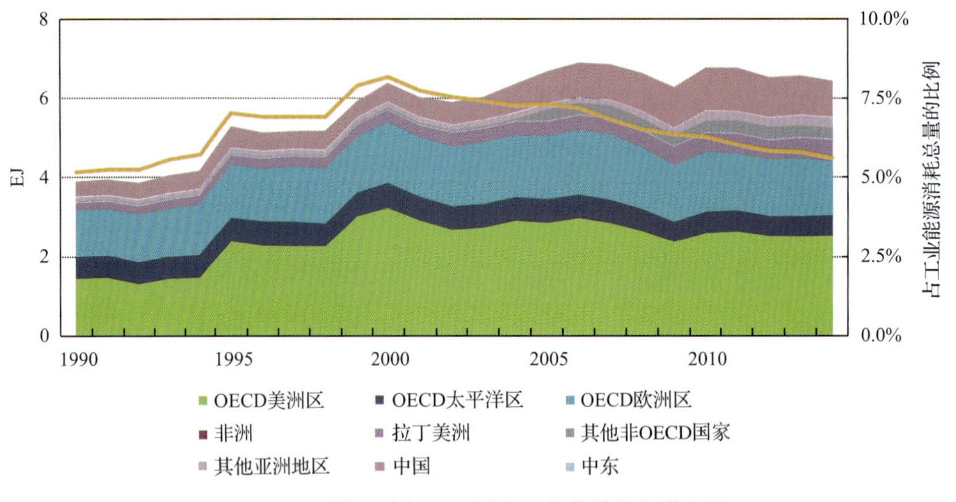

图 2-28　纸浆、造纸和印刷部门的终端能源使用量

2014 年，全球用于纸浆制造的纤维 55%来自废纸回收，高于 2000 年 44%的比例

一直在对纸浆和纸张制造过程进行创新性研究，不断地寻找脱碳机会。 例如，欧洲纸业联盟(CEPI)推出了一个名为“两队竞赛项目”的计划。该计划以合作和开放研发为名，汇集了诸多研究人员，来确定最具发展潜力的突破性脱碳技术。通过该计划确定出的新理念，将需要额外的研究和资金支持来使之规模化。

由于跟产量、产能和能源使用相关的公开有效数据有限，很难追踪到纸浆和造纸制造时的能源效率进展。 另外，有一些国家没有报告纸浆和造纸部门的生物质能源利用情况，便很难准确地了解该部门的能源需求。

3) 行动建议

到 2025 年，该部门应继续专注于提高能源效率、追求最佳可行技术级别的性能及增加回收利用。同时应该支持研发工作，以发展未来的工艺和技术(图 2-30)。

长期来看，纸浆和造纸部门有助于可持续能源的供应，例如通过向电网输送超额的热能和电力。除制浆活动外，把纸浆厂用作综合性生物炼油厂，利用纸浆黑液生产低碳能源商品(包括交通生物燃料)。上述概念正在引起关注，目前正在进行若干试点项目。该部门还可以通过捕获生物 CO_2 排放来贡献出一些负排放。同样的，纸浆和纸制品的新应用有助于减少产品生命周期碳排放，例如通过改进包装或采用纤维基纺织品。私营部门和公共部门的利益相关者应该合作，确保必要的激励框架能够落实到位，进而鼓励这种战略性和系统性的思考。

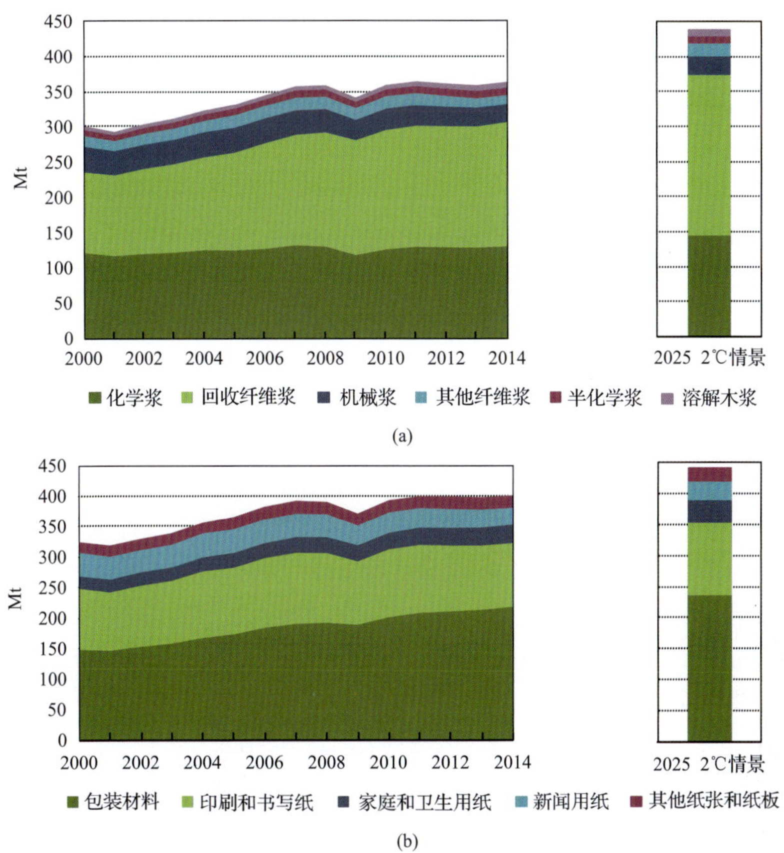

图 2-29　纸浆、纸张和纸板的产量

参见第 100 页的技术概要说明

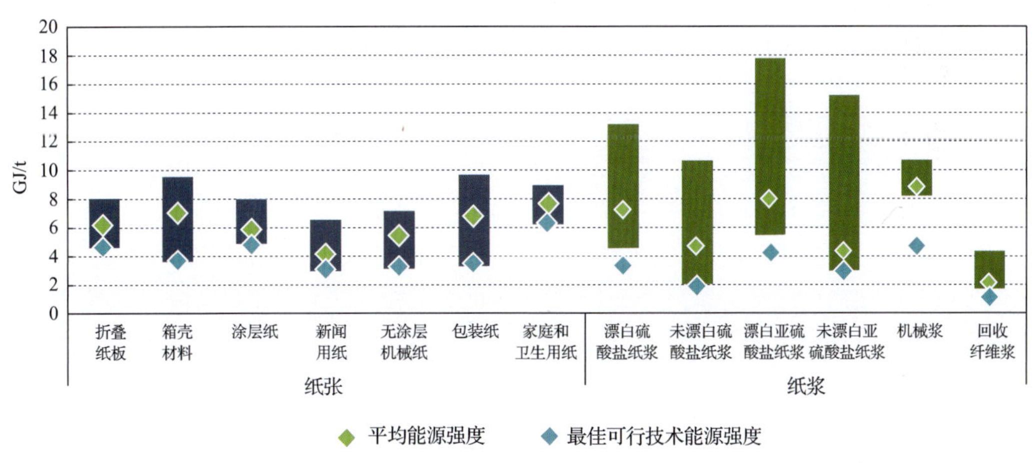

图 2-30　国家间平均单位能耗的范围

2.9 交　　通

● 有所改进，但需要更多努力

～ 有限发展

交通部门占全球与能源相关的二氧化碳排放量份额达到了 23%，2010～2015 年，排放量的年增长率达到 2.5%。为使实现 2DS 目标的进程步上正轨，这种趋势必须扭转。在巴黎协定中各国提出的针对交通部门的自主贡献三量是不足以实现 2DS 目标的（图 2-31）。

1）最新趋势

随着巴黎协定中各国国家自主贡献的提交，一个长期的政治信号已经发出：降低交通部门的碳排放。超过四分之三的国家自主贡献明确表示优先缓解交通部门的碳排放；约三分之二的国家提出了相应的缓解措施；9%的国家明确提出了交通部门的减排目标（PPMC, 2016）。各国对于客运交通的减排目标存在明显差异（图 2-32）。发展中地区往往强调对城市公共交通的承诺，如快速公交系统（PPMC, 2016）。各区域对燃料经济标准和电动汽车的保证给予了不同程度上的优先发展权，尤其在经济发达地区[①]。仅有 29%的国家自主贡献提到了货物运输，最广泛提到的措施是将从公路运输转向铁路运输或水运（PPMC, 2016）[②]。

2016 年，基于市场的全球 CO_2 减排措施被用于国际航空（ICAO, 2016）。国际航空碳补偿和减排计划（Carbon Offsetting and Reduction Scheme for International Aviation, CORSIA）旨在到 2020 年之前稳定国际航空的 CO_2 排放量。超过限额的排放量将被抵消（ICAO, 2016）[③]。国际海事组织还商定了全球海洋燃料的硫含量上限为 0.5%（IMO, 2016）[④]，但尚未定义温室气体的减排目标。

2）进展追踪

全球交通部门的温室气体的排放量持续增长。为了达到 2DS 目标，该部门的排放量在未来十年内必须减少。到 2025 年，OECD 国家必须减少“从油井到车轮（WTW）”整个生命周期温室气体排放量的 20%以上，以抵消非 OECD 国家同期增长的超过 18%的排放量[⑤⑥]。各国国家自主贡献中提出的针对于缓解交通部门排放的措施预计将达不到中长期 2℃目标路径。

电气化有着良好的发展趋势。电动车的销售量持续增大，轻型电动车市场份额比 2015 年增长了 50%（EVI, 2017），其中中国引领了这一市场增长。航空、航运、重型汽车部门的去碳化是最困难的。尽管采用了上述新的监管政策和措施，这些行业相比轻型汽车仍缺乏监管。在考虑技术的情境下，2015～2025 年，航运部门全生命周期的温室气体排放预计将以每年 1.9%的速率增长，航空业将以每年 2.0%的速率增长。然而，为配合 2℃目标，到 2025 年，这些部门的排放必须稳定住，之后便迅速下降。道路货运全生命周期的温室气体排放在同一时期将以每年 2.2%的速率增长，但为了达到 2℃目标，该部门的排放增长率必须限制在 1.0%。

①～⑥请参见第 100 页的技术概要说明。

3) 行动建议

各国在国家自主贡献上表达的对全球治理的雄心必须转化为具体的行动，让交通运输业的减排道路走上正轨，以实现 2℃目标。具体应对措施应针对可以减少排放、久经考验且快速的手段来制定(图 2-33)。

政府政策必须提高温室气体排放强度高的企业固有成本和经营成本，以刺激其投资和购买节能低碳的技术和设备。对碳定价是必不可少的，并且在航运业和航空业可能会特别有效地减少温室气体排放，目前这些部门只有较低的或甚至没有燃油税。同时还需要补充一些额外的措施，包括节能运输方式的投资(如铁路和公共交通)，对汽车效率提升有效果的法规和鼓励低碳燃料的应用及发展的措施⑦。

CORSIA 的发展有积极和消极两方面影响。承认减缓气候变化的需求和细化行业统一的理想目标都是积极的进展。但这些进展可能是以降低研发积极性为代价，而航空业本身就可以实现研发解决方案。国际航运业应考虑相类似的统一的减排目标。然而，鉴于国际航运业减少特定二氧化碳排放有很大潜力⑧，应该收取碳排放税而不是进行碳补偿。

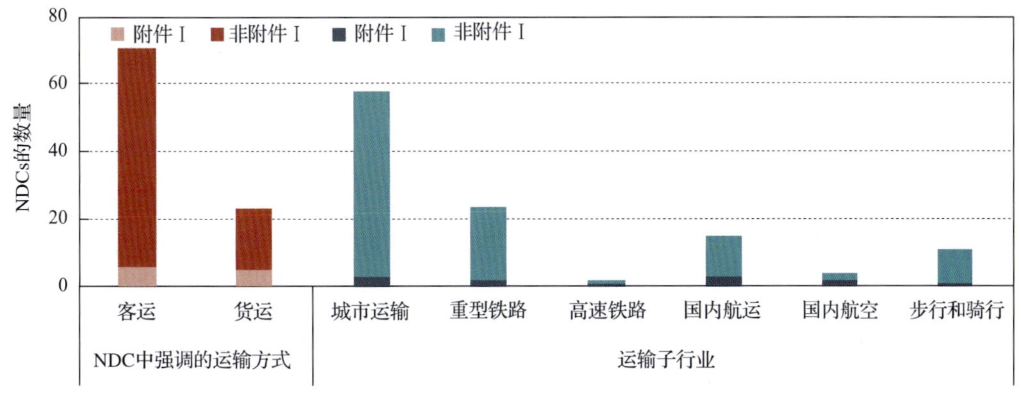

图 2-31　NDCs 中各模式对应的减排措施的份额

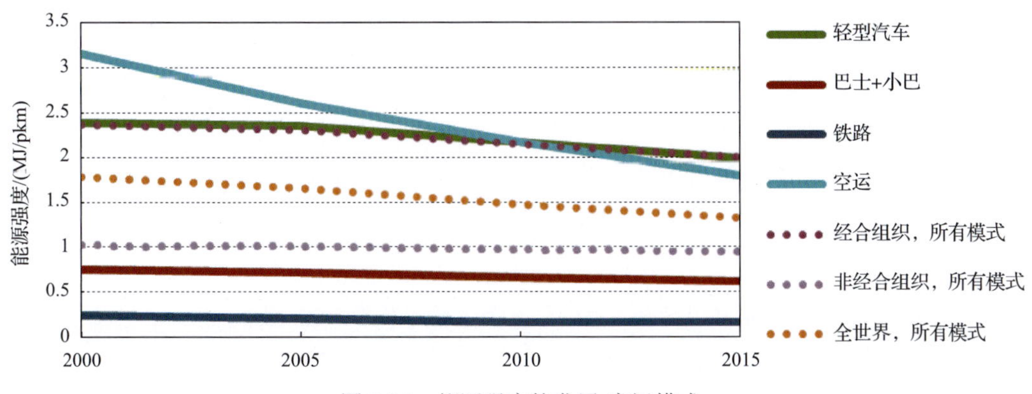

图 2-32　能源强度的发展-客运模式

⑦~⑧ 请参见第 100 页的技术概要说明。

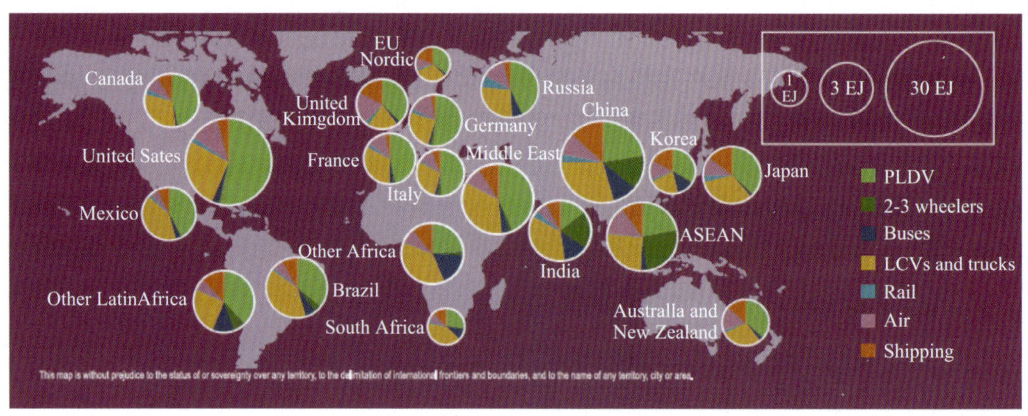

图 2-33 不同运输形式能源使用情况(2015 年)

2.10 电 动 汽 车

● 按目标进行
~ 有限发展

2016 年，路上行驶的电动汽车[①]超过 200 万辆，全球销售的电动汽车超过 75 万辆，个人交通在电气化方面取得了历史性的新进展。销售数据显示，电动汽车 2016 年的市场增长速度较之前几年有所放缓：2016 年增长 40%，2015 年增长 70%，该结果意味着偏离 2DS 目标路径的风险正在增加(图 2-34)。

1)最新趋势

2016 年，在全球范围内，插入式电动车销售了 75.3 万辆，其中 60%是纯电动汽车(BEVs)。这些销售是有史以来记录在案的最高成交量，并使得全球电动汽车库存量达到 200 万辆的流通门槛。中国连续两年成为世界上最大的电动汽车市场，并且 2016 年销量占全球电动汽车销量近一半的份额。欧洲是全球第二大电动汽车市场(电动汽车销量是 21.5 万辆)，其次是美国(电动汽车销量是 16 万辆)。在欧洲和美国，插电式混合动力汽车(PHEVs)比纯电动汽车(BEVs)更加普及。挪威(拥有 29%的市场份额)[②]和荷兰(拥有 6%的市场份额)，拥有全球范围内最高的电动汽车市场渗透率。在荷兰和丹麦，电动汽车的销售和市场份额都呈现大幅下降，这主要反映出政府在政策支持上的变化。但总体而言，电动汽车数量仍然仅占所有汽车总量的一小部分(0.2%)(图 2-35)。

尽管增长速度放缓，电动汽车产量的增加仍然有利于技术学习和规模经济。电池成本在 2015～2016 年不断下降，能量密度也继续增加(EVI，2017)。这些进步与正在展开研究的电池化学方面的预期成果一同为达成汽车制造商和美国能源部制定的 2020 年之前的电动汽车目标释放了有力的信号(EVI，2017)。电池技术的改进将能保证在较低成本上实现更长的续航里程范围，提高电动汽车的成本竞争力以及降低应用电动汽车的阻碍。

①～②请参见第 100 页的技术概要说明。

全球范围内已经设立了 32 万个可供使用的充电基础设施。那些采用大功率交流电、直流电或感应充电，可以在不到一个小时便为一辆纯电动汽车充好电的快速充电桩，主要分布在中国(图 2-36)。这些快速充电桩占全球三分之一的份额。2016 年，除中国外，世界上快速充电桩的部署速度比所有充电桩的整体部署速度慢。这种趋势可能反映了这些国家在经济可行性方面的困难。

2)进展追踪

电动汽车销量增长仍然很强劲，2016 年上涨了 40%，但比 2015 年 70%的增幅有大幅下降。2016 年的销售额仍然保证了在 2025 年实现 2℃目标销量和库存的可能性，但条件是在未来几年都保持 2016 年的增长率：为了达到 2025 年目标，2017 年至 2025 年每年的销售增长率要达到 35%。因此，近期制造商宣布的野心勃勃的电动汽车生产计划，必须出台具体的投资决策。

财务激励，电动汽车性能及充电基础设施的可用性等因素与电动汽车销售增长呈正相关。降低电动汽车和传统汽车之间购买成本差距，提高电动汽车价值主张的公共政策，比如公共采购计划和提高认识运动等，都非常有利于促进电动汽车的采用。此外，支持性的政策环境也降低了投资者的风险。

政策支持需要在各个管理层级全面实施，从国家到地方不同的行政级别，运用不同形式展开：通过直接的科研支持、车辆购买补贴、零排放指令、充电桩部署的财政优惠、加强燃油经济性标准、基于车辆排放表现的差异化税收、费用和限制，例如进入城市中心的规定(零排放地区)。随着常规燃料变得更加昂贵，电动汽车的成本吸引力也将得到提高，当然，这需要通过包括碳定价在内的燃料税，这需要与电力脱碳一同实施。

随着电动汽车越来越受欢迎，为保证能够持续改善电池成本，确保价格合理的原材料供应将变得越来越重要。可以通过早期制定的电池二次寿命和材料回收的监管要求，来简化这一任务。

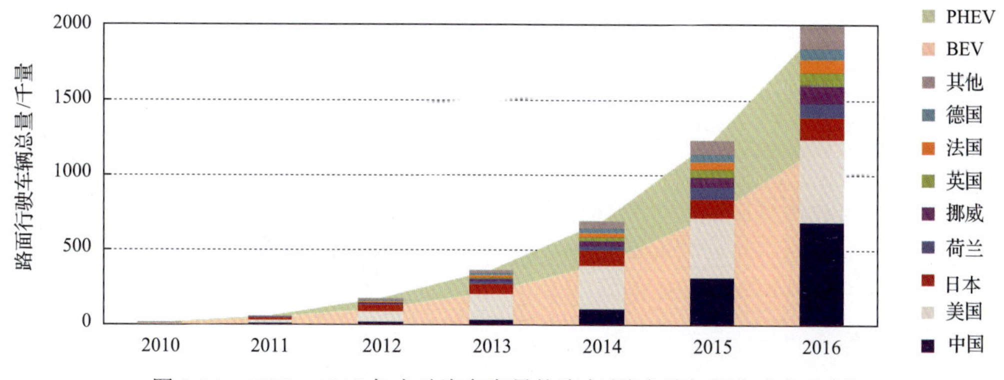

图 2-34　2010～2016 年电动汽车存量的演变(纯电动与插电式电动车)

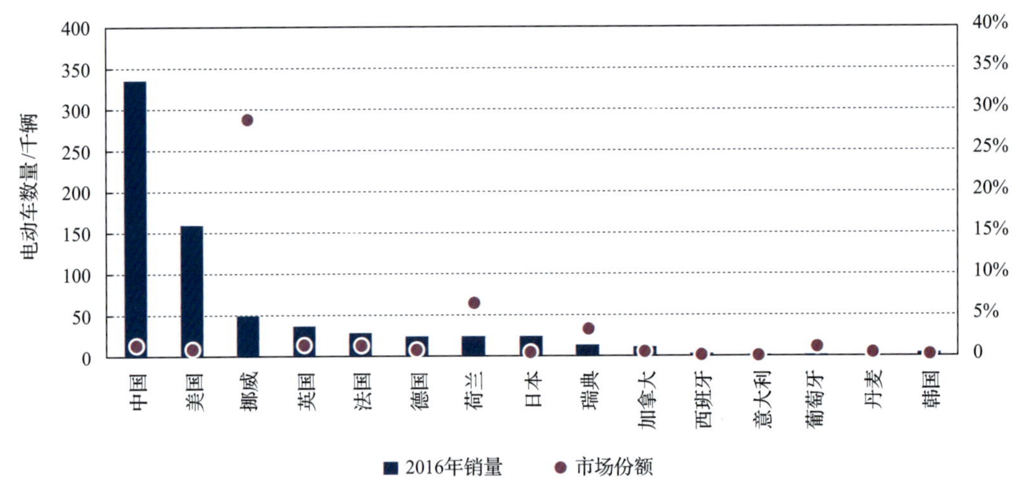

图 2-35　2016 年各国电动汽车销售量及市场份额

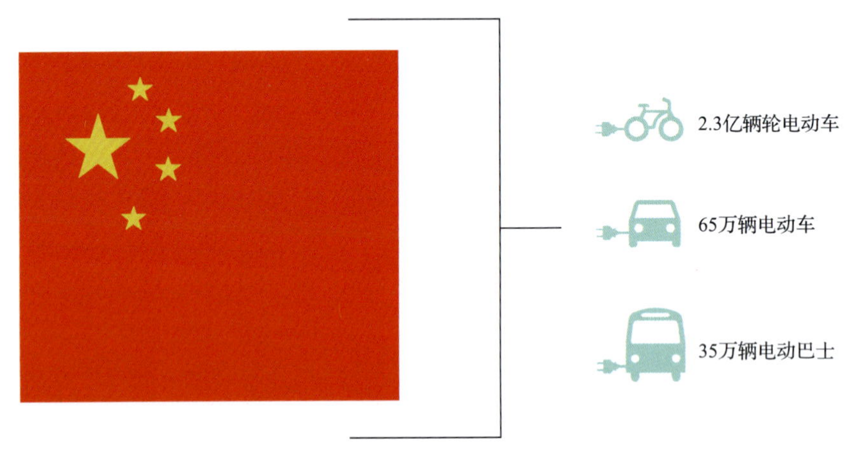

图 2-36　聚焦中国

此地图不涉及任何领土的地位和主权、国际边界和边界的划定以及任何领土、城市或地区的名称问题

2.11　国际航运

● 不能如期实现

～ 有限发展

航运业是国际贸易运输的重要推动者，同时也是最节能的货物运输方式。但由于缺乏相关政策部署，导致在航运业的推进清洁技术的步伐缓慢。航运业需尽快采取更为进取的政策措施以实现 2DS 目标。

1) 最新趋势

航运业承担了全球 80%的货运量，其燃料燃烧所产生的二氧化碳排放量仅为全球的

2.0%(图 2-37)。航运活动与国内生产总值(GDP)增长密切相关[①]。自 2000 年至 2015 年，航运市场和 GDP 均呈稳步增长趋势，增长率分别为 3.8%和 3.6%(UNCTAD, 2016; World Bank, 2017)。国际航运能源需求量在 2000 年至 2014 年期间，以年均 1.6%的增速增长[②]。从历史数据来看，航运能源消耗与 GDP 增长一直紧密相关，但自 2010 这种关系呈现脱钩的趋势(IMO, 2014)(图 2-38)。这与 2009 年贸易量减少且随后复苏缓慢及 2011 年全球集装箱船大型化所带来的的规模经济息息相关[③]。以上原因导致严重的运力过剩，进而造成陈旧和低效的船舶提前报废。但这也使得全球船舶每吨公里(tkm)的能源消耗在 2010～2014 年以年均 5.8%的降速呈现出前所未有的飞跃。降低航速在应对运力过剩问题的同时也使得船舶营运效率得到了提升(IMO, 2014; ITF, 2017)。

2013 年，国际海事组织(IMO)提出的船舶能效设计指标(EEDI)首次对新建船舶的能源效率设定了标准，为新建船舶的每吨公里设置了最小的能效改进限值[④]。到 2020 年，船舶燃料含硫量不得超过 0.5%的标准将被强制执行(IMO，2016)。若要达到此目标，则需要对船舶的燃料结构做出巨大调整，这将导致船舶燃料价格的飞升。重油（HFO)(目前在船用燃料油中占到 84%的比重)[⑤]则必须进行去硫化或者被低硫柴油、液化天然气、生物燃料及其他合成燃料所替代。此外，船舶还需加装过滤器以减少 SOx 的排放。

2)进展追踪

就目前形势来看，EEDI 规定从 2015～2025 年，全球船舶效率需达到每年 1%的增长[⑥]。依据 IEA 统计数据和 UNCTAD 活动数据显示，全球船舶每吨公里能耗在 2000～2014 年降低了 2.2%[⑦]。这反映出 EEDI 能有效防止能源效率的滑退，但并不能降低温室气体排放的历史趋势。由于硫化物含量限制所导致的燃料价格上涨能够促进能源效率提升和能源消耗降低。但除了使用先进生物燃料、低碳合成燃料及液化天然气等替代燃料以外，使用降低硫化物排放的相关技术并不会使得温室气体的排放降低[⑧]。

若要向 2DS 的目标推进，在 2015～2025 年，能源效率需要每年提升 1.9%（MJ/vkm）和 2.3%（MJ/tkm)。这可以通过进一步开发新建船舶和运行船舶的能源效率提升潜力和改进运营方式来实现。现有的能源效率技术可以大致使每艘新建船舶的平均燃料消耗量减半(IEA 依据 Smith et al., 2016 估计得出)。而能源效率的提升仍需要利用先进生物燃料进行补足[⑨](图 2-39)。

3)行动建议

明确国际航运的温室气体减排目标是向 2DS 目标推进的第一步[⑩]。进一步提高 EEDI 的要求，对运营效率提出强制性标准(需要适当的船舶性能监控)，同时对温室气体排放定价是向此目标前进的两大有效措施。

国际海事组织(IMO)[⑪]是能使该任务推进和完成的重要平台。因此，国际海事组织的积极行动对于成功减少国际航运的温室气体排放起到至关重要的作用。

对于减少当地的污染排放的长期投资将不得不由船东、船舶公司、投资者和炼油厂决定。随着航运低碳化的压力逐渐增大，当缺乏即时的信号引导他们做出投资决定时，针对于减少当地污染物排放的投资将承担巨大的搁浅风险[⑫]。

①～⑫ 请参见第 101 页的技术概要说明。

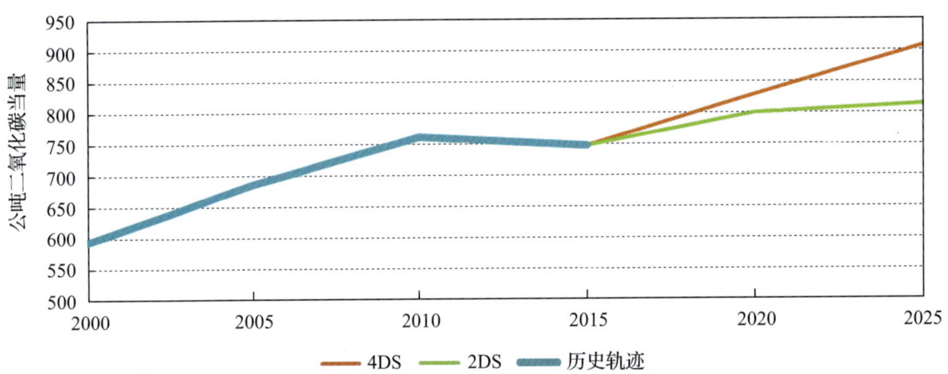

图 2-37　国际航运全生命周期二氧化碳当量排放路径

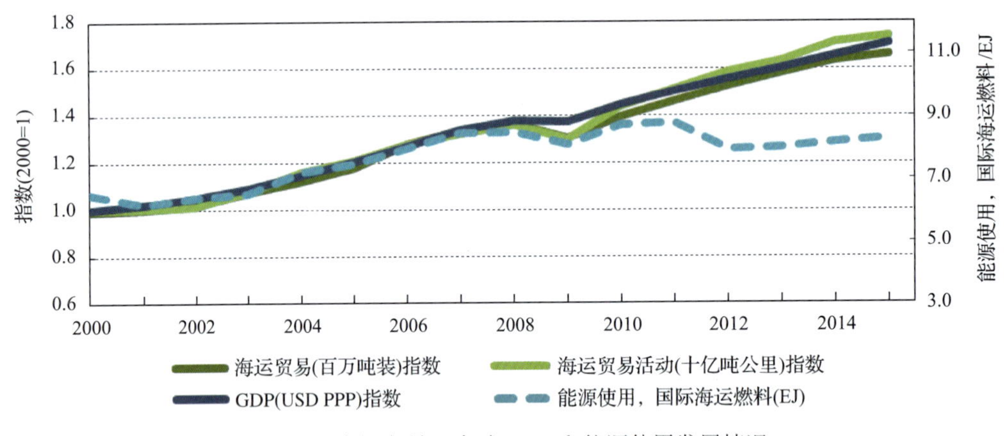

图 2-38　海运贸易，全球 GDP 和能源使用发展情况

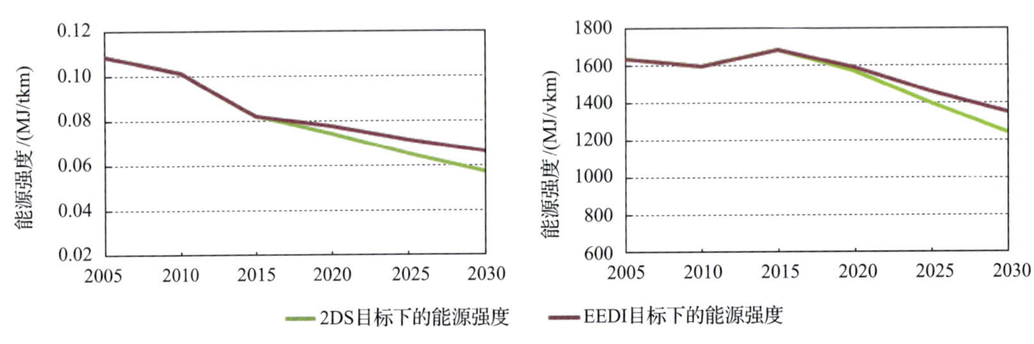

图 2-39　在现有规制及 2DS 目标条件下的能源强度发展情况

2.12　轻型汽车的燃油经济性

● 有所改进，但需要更多努力

↘ 下降趋势

尽管新增轻型汽车的平均燃油经济性测量值在不断提升，但近期全球进展有所放缓。自 2014 年起，非经合组织国家燃油经济性的提升速度已超越经合组织国家。燃油经济性

的测量值与实际值间的差距仍在扩大①。按照 2DS 的目标路径，直至 2030 年，新增车辆的每公里单位油耗必须以每年 3.7%的速度降低。

1）最新趋势

2015 年，每辆新增轻型汽车的百公里汽油当量消耗量的测试值是在 5.2～9.2L②。OECD 的整体的平均值接近 7.6L。因此，OECD 国家涵盖了最高和最低的国家平均水平。北美和澳大利亚售出的轻型汽车每公里消耗的燃料要高于其他 OECD 国家售出的轻型汽车③。而在 2015 年，非 OECD 国家售出的轻型汽车的平均燃油效率接近于 7.9Lge/100km。

全球新增轻型汽车的燃油经济性在近十年间的提升速度放缓，年均增长率由 2005～2008 年的 1.8%下降至 2012～2015 年的 1.2%，到 2014～2015 年年均增长率仅为 1.1%（GFEI, 2017）。造成放缓的主要原因在于 OECD 国家的在 2012～2015 年的年均增长跌至 1.0%。相反，非 OECD 国家在此期间的燃油经济性的年均增长率激增至 1.4%。而由于非 OECD 国家新增轻型汽车市场的政策力度不断加大，在 2014～2015 年，燃油经济性的年均增长率一度达到 1.6%④（图 2-40）。

平均燃油经济性测量值与实际值间的差距仍是近年来主要讨论的一大重要问题。种种迹象表明，这种差距自 2001 年以来在不断扩大。尤其是在欧洲，测量值与实际值之间的差距到 2015 年增至 4 倍，超过 40%（ICCT, 2016）。

2）进展追踪

经合组织国家与非经合组织国家的燃油经济性的增长率均远低于实现 2030 年全球燃料经济性计划（GFEI）和 IEA2DS 情况要求（GFEI, 2017）。如要达到此目标，全球轻型汽车的平均燃油消耗测量值需要在 2030 年达到 2005 年 8.8Lge/100km 基准值的一半，即 4.4Lge/100km（目前全球基准值为 8.8Lge/100km）。与之相匹配的新增车辆每公里的燃料消耗需在 2015～2030 年以每年 3.7%的速率减少。为了实现 2℃的减排情景，到 2025 年全球车辆销售的平均能耗需要达到 4.7 Lge/100km（图 2-41）。

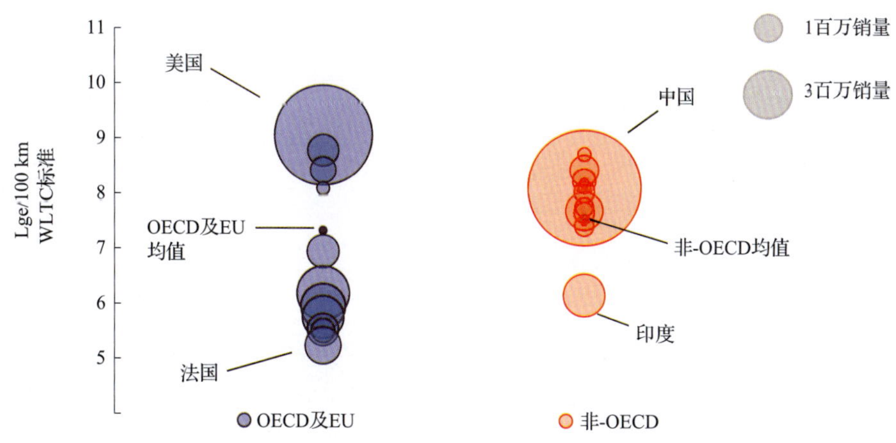

图 2-40　新 LDVs 的测试燃油经济性数量及市场规模（2015 年）

①～④ 请参见第 101 页的技术概要说明。

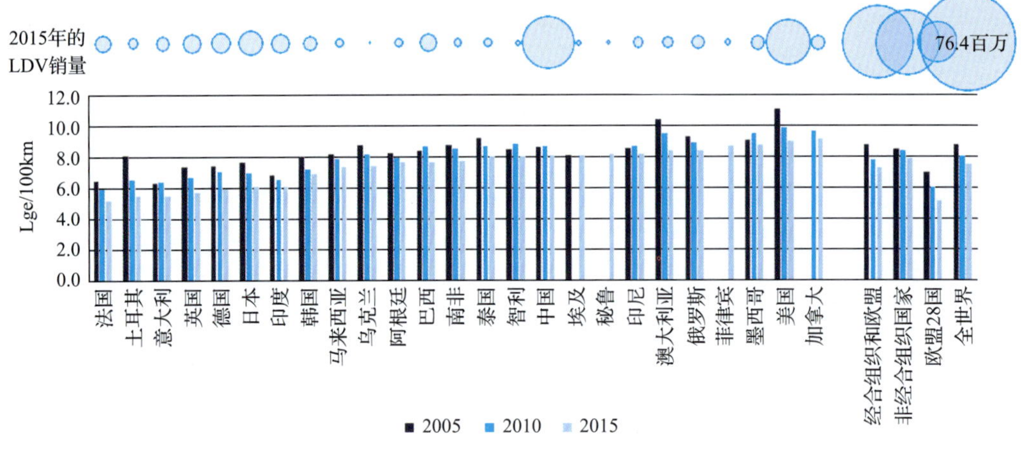

图 2-41　燃油经济发展情况，试验值，2005～2015

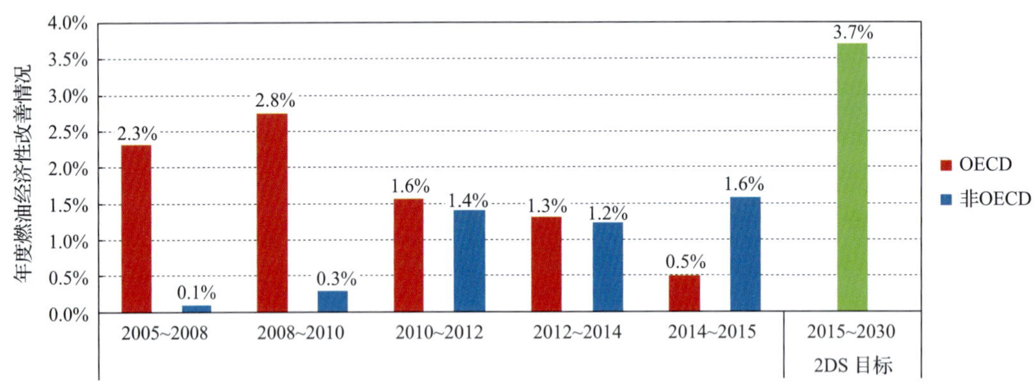

图 2-42　年度燃油经济性改善情况（Lge / 100km）– 测试值

进一步改进的前景取决于燃料经济性法规的力度及市场覆盖程度。2015 年，印度和沙特阿拉伯设定了燃油经济性法规，使得全球三分之二以上的轻型汽车受经济性标准限制，对于保持全球燃料经济性起到了积极的作用。

联合国近期批准了一项新的测试程序（全球统一的轻型汽车测试程序[WLTP]）（UNECE, 2014）。这一标准的逐步推广和采用将是拉近燃料经济性测试值与实际值间差距的第一步。

3）行动建议

尽管在过去十几年中，各国在执行燃油经济性法规上都取得了积极的进展，但燃油经济性的改善程度远落后于其在 2℃情境下的目标。推行鼓励能源效率提升技术与燃料节约技术的相关政策是有望重新使燃料经济性发展达到 GFEI 目标的重要途径。

除了制定燃油经济性标准和依据每公里 CO_2 排放量对车辆制定区别税率等重要政策，从技术层面来看，通过减轻车辆重量，降低轮胎转动阻力和改良空气动力学部件来提高燃油经济性也至关重要。虽然内燃机能够一定程度上带来能耗的节约，但仍需要混合动力汽车和电动汽车进一步争取市场份额以达到 2DS 目标。

消除燃油经济性测试值与实际值间的差距是达到 2℃减排目标的关键所在。这需要实施更加积极的措施并出台监测燃油经济性的法规，如 WLTP，从而更好地反映车辆在实际行驶中所产生的能耗。为了获取在实际驾驶条件下精准的能耗数据还需要运用车辆行驶检验及对路面载荷因素进行实际检验(图 2-42)。

2.13　交通生物燃料

● 不能如期实现

↗ 积极发展

2016 年全球生物燃料[①]产量增长近 1370 亿升(3.3 EJ)。传统的生物燃料已达到 2025 年在实现 2DS 既定目标的轨迹上。如若使交通行业达到 2DS 的减碳目标，则需加速先进生物燃料的生产。

1)最新趋势

2016 年，全球道路交通燃料的近 4%由传统生物燃料构成。由于主要市场的结构性挑战和政策不确定性，全球生物燃料产量从 2010 年前期的两位数增长放缓至 2%[②]。

在美国，由于对新能源的投资较少，且玉米乙醇产量已接近可再生能源燃料的限定标准，因此乙醇的产量预计将趋于平稳。巴西为达到承诺的 2030 年可持续的生物燃料在能源结构中占比达到 18%的目标，则燃料乙醇的需求将超过 500 亿升。因此如果要实现其目标，生物燃料的产量仍需要大幅增长。在这两个国家，生物柴油政策的支持依然强劲，预计产量将持续增长。

在欧盟，可再生能源指令(RED)的修改提议指出 2030 年可再生能源目标中，食品生物燃料(作为能源)的占比需要从 2020 年的 7%降低至 2030 年的 3.8%。相反，亚洲的石油进口国加强了本国生物燃料生产的政策支持，扩大乙醇市场(如印度和泰国)和生物柴油市场(如印度尼西亚和马来西亚)。

一些国家已在越来越多的国家宣布先进生物燃料计划，其中包括中国、泰国和印度。有迹象表明，先进生物燃料的政策支持也在不断强化，尤其在欧洲，上述 RED 修改提议特别细化了交通能源需求中先进生物燃料的占比需从 2021 年的 0.5%增加至 2030 年的 3.6%。此外，随着越来越多的商业航班及燃料承购协议，航空生物燃料已做好在航空业长期的低碳计划中发挥核心作用的准备。

2)进展追踪

传统的生物燃料有望延续 2025 年 2℃情景的目标路径。对于高级生物燃料而言，在建项目的全面交付及在运工厂的额定容量增加可以使得到 2020 年高级生物燃料产量达到约 23 亿升(0.6EJ)，尽管这一水平将比预测的生物燃料生产总量低 1.5% (按量计)。因此，在 2020～2025 年，先进生物燃料的生产规模需扩张 25 倍，才能实现 2℃情境下 2050 年先进生物燃料 570 亿升(1.6.6EJ)的目标。这一规划明确了需加速提升生物燃料的商业化进程，以达到 2DS 的要求(图 2-43)。

---

①～② 请参见第 102 页的技术概要说明。

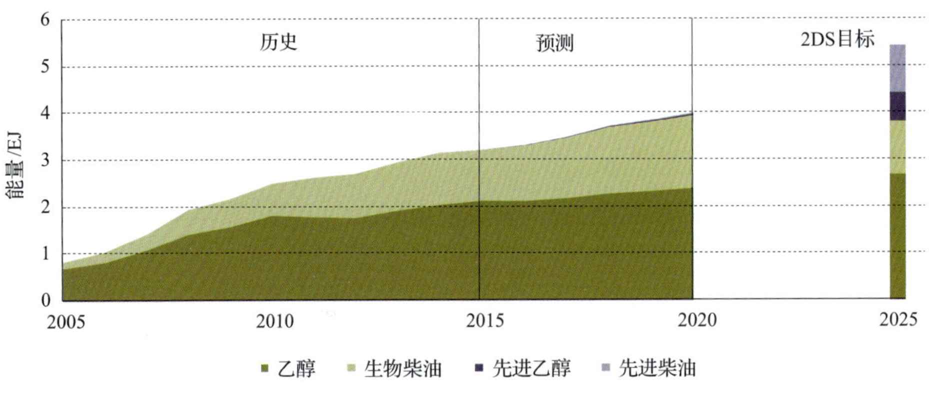

图 2-43　全球生物燃料产量

泰国能源发展计划指出到 2026 年乙醇混合比例要到达 24%

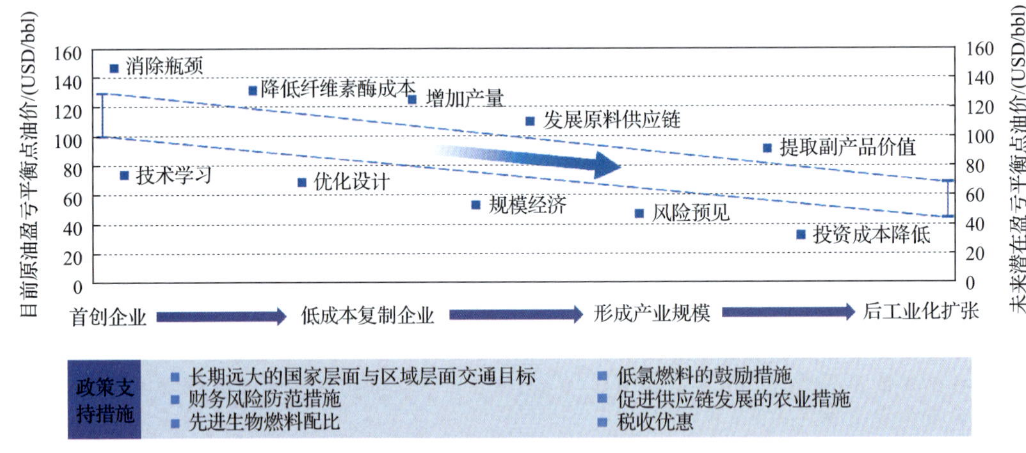

图 2-44　纤维素乙醇成本降低潜力

印度国营石油公司公布 5 大纤维素乙醇项目

3) 行动建议

稳健的长期政策框架有利于推进先进生物燃料行业的扩张，同时有助于降低生产成本。各国交通行业提出远大减排目标，如规定可再生能源的份额，或是如瑞典逐渐淘汰化石燃料，都为投资提供了有利的环境条件。这些政策框架可以为难以进行低碳化的道路运输、海运及航空运输制定次优目标。

更加广泛的先进生物燃料指令对于加速其发展是至关重要的。另外，立法规定明确指出运输燃料的生命周期碳排放强度(CI)的减少(如成立于加州和德国)刺激对与最高的减排潜力的生物燃料的需求。

这些政策可以作为抵御财务风险的补充措施，在成本居高不下的同时支持投资、鼓励税收优惠及完善金融机制，从而促进先进生物燃料的科技创新及商业化发展。有关扩大弹性燃料汽车总量及生物燃料分配基础设施的相关政策也将有助于生物燃料市场的增长。就航空生物燃料而言，开发供应链和降低与化石燃料的成本差异是十分必要。

近期发起的 Biofuture 平台和 Below 50 行动，将通过加强国际合作，为可持续生物燃料的发展提供有利环境(图 2-44)。生物燃料市场的扩张必须以行业公认的可持续发展指标为标杆并制定强有力的管制框架，从始至终考虑到环境、社会和经济的可持续发展。

2.14　建　筑　物

● 不能如期实现

↗ 上升趋势

虽然越来越多的国家已经出台了建筑节能的相关政策，但全球建筑领域人均能源消费自 1990 年以来几乎没有变化。要想达到全球人均能源消费到 2025 年下降 10%，各个国家都必须果断行动，在建筑领域采用节能、高效、低碳的技术。

1) 最新趋势

自 2010 年以来，全球建筑相关二氧化碳排放始终保持近 1%的增速。从那时起，建筑领域煤炭和石油的消耗量一直保持稳定，而天然气的使用则以每年约 1%的速度稳步增长。全球建筑业电力消费自 2010 年以来以年均 2.5%的速度增长；其中非经合组织国家年均增速达到了近 6%。这一增长速度远远快于 2010 年以来全球每千瓦时电二氧化碳排放强度年均 0.5%的改进速度。

由于一直坚持实施建筑物能源规范和能效标准，全球建筑部门能源强度(以每平方米最终能源使用衡量)在 2010～2014 年保持了 1.3%的年均下降速度。然而这未能抵消期间建筑面积的增加(全球年均 3%)和建筑能源服务需求的增大(图 2-45)。

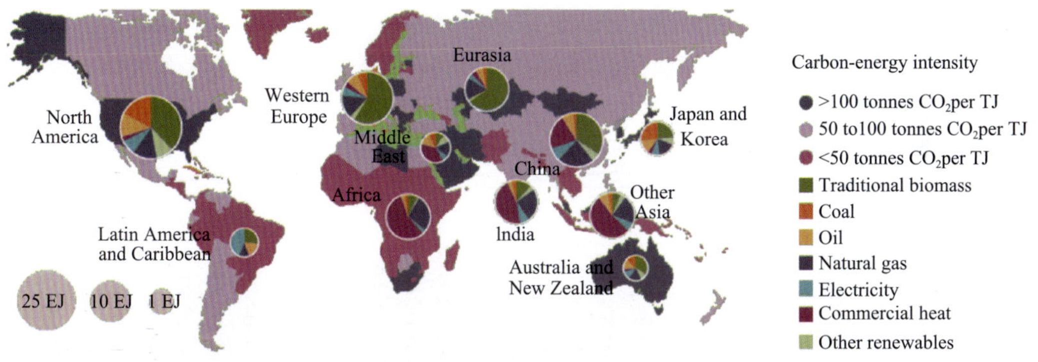

图 2-45　分燃料建筑能耗

This map is without prejudice to the status of or sovereignty over any territory,to the delimitation of international frontiers and boundaries, and to the name of any territory, city or area

参见第 102 页的技术概要说明

更能说明问题的是人均能源需求。自 1990 年以来，全球人均能源消耗几乎保持不变，每年人均能源消耗量不到 5 兆瓦时。在经合组织国家，人均能源消费从 2010 年的 12 兆瓦时的峰值开始下降，但由于经合组织国家能源需求中的 45%都用于供暖，这种下降很大程度上是由近年来的“暖冬”造成的。而在非经合组织国家，自 2000 年以来，人均建筑能源使用年平均增长约 1%。

为了达到 2℃温控目标，全球人均建筑能源使用必须下降至少 10%，也就是 2025 年小于 4.5 兆瓦时的水平。经合组织国家尤其需要摆脱旧的历史路径，通过采用及时有效的能效行动，将人均能源消耗降至 1990 年水平以下。在非经合组织国家，提高能源可获得性与经济发展等目标同样重要，必须部署节能和低碳建筑技术来满足快速增长的能源需求的服务来引导人们的能源需求向着可持续的方向发展。

2）进展追踪

现有的政策和建筑能效方面的投资并不能达到 2℃温控目标（2DS）。近三分之二的国家仍然没有任何建筑能源规范。全球范围内针对建筑领域耗能设备的强制性能效政策仍然寥寥无几。

自 2015 年《巴黎协定》以来，人们已经看到了实现全球建筑领域未开发潜力的一些进展。近 90 个国家在他们的国家自主贡献（NDCs）中包含了建筑领域的行动。联合国气候变化框架公约下 3000 多个城市、500 个私营部门层面的建筑减排承诺被签署。很多行业和专业机构也动员支持对节能高效建筑的市场开发，包括实现零碳和碳中性建筑项目的支持①。

3）行动建议

各国需要共同努力，迅速扩大、强化建筑能源政策的实施，以防止长期、低效的建筑投资产生锁定效应。向 2℃情景路径的转变需要明确和一致的信号，以及激励机制和适当的融资机制，以促使消费者和制造商最大化能效机会。教育项目、培训和能力建设，以及更好的建筑能源数据，也有助于提高能效政策的设计、采用和实施。

在接下来的十年里，我们需要付出巨大的努力，将最佳实践经验和高效能技术推广到发展中国家。更好的融资渠道对于提高非经合组织成员国和经合组织成员国的效率投资都至关重要。最后，我们需要更加努力的解决现有建筑的能源性能改善问题，尤其是在经合组织国家（图 2-46、图 2-47）。

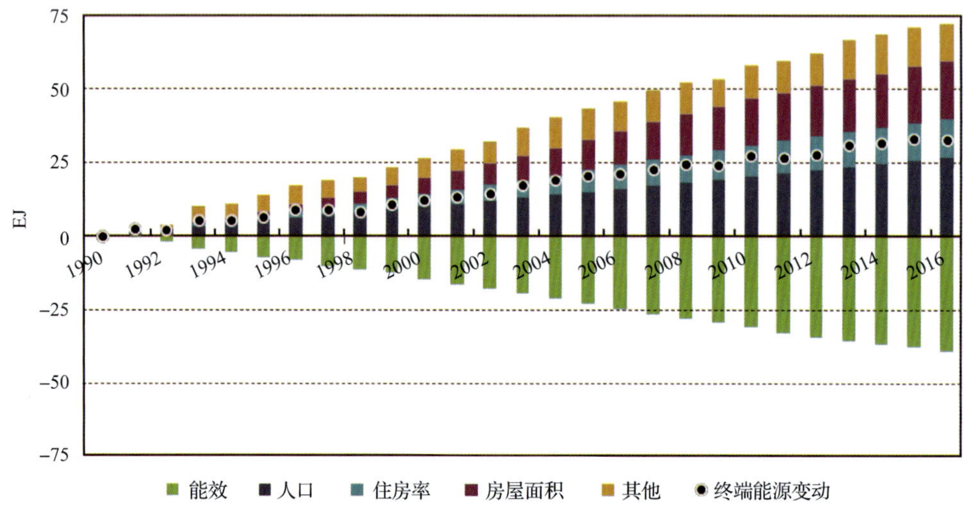

图 2-46　终端能源需求分解

参见第 102 页的技术概要说明

① 请参见第 102 页的技术概要说明。

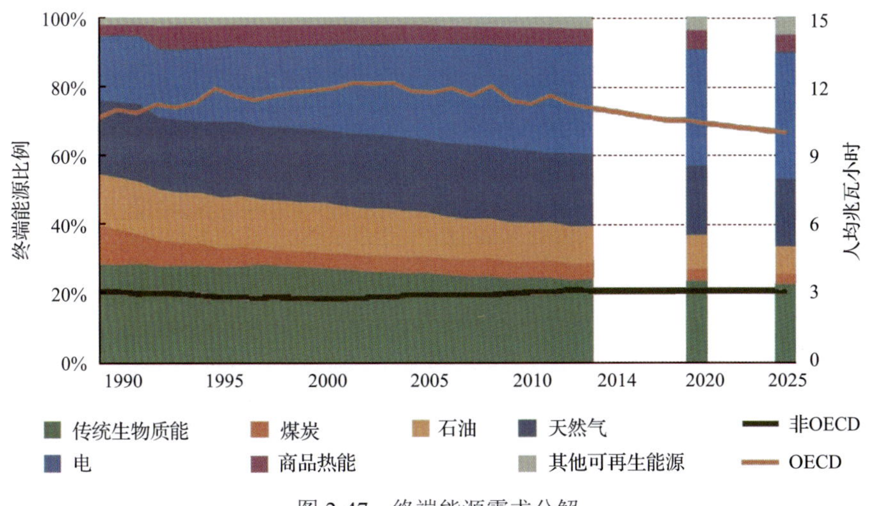

图 2-47　终端能源需求分解

全球人均建筑能效到 2025 年将下降 10%甚至更多，参见第 103 页的技术概要说明

2.15　建筑围护结构

● 不能如期实现

～ 有限发展

越来越多的国家和地方政府制定了建筑能源规范，但三分之二的国家仍未对整个建筑行业实施强制性的能耗标准。现有建筑的深度能源改造也并未得到有效的发展。各国必须尽力加大投资，在 2025 年将建筑围护结构的平均能效水平提高 30%，以跟上建筑面积的增长和对热舒适性的需求。

1) 最新趋势

全球建筑围护结构能效水平①(每平方米的用能) 自 2010 年以来年均提高约 1.4%。然而总建筑面积(年均增速超过 2.5%) 和人们的热舒适需求却正以更快速度增加，特别是在发展中国家。

预计全球到 2050 年建筑物增量的 20%将在未来 10 年内被建造，建筑面积增量的 50%将发生在那些目前还没有强制性能源法规的地区。

各国需要共同努力来提高全球建筑围护结构的能效水平，这对建筑的供热和制冷需求有着最重要的影响。尽管许多国家和城市已经取得了一些进展，但仍有近三分之二的国家没有适用于整个建筑行业的强制性的能源法规。执行对于很多想要实现建筑围护结构高效性目标的国家来说也是一个主要的问题。许多现有建筑物能源法规需要更新或修订，以缩小现有的建筑实施水平和建筑围护结构能效目标之间的差距。

对现有建筑的深度能源改造(如建筑围护结构能效水平提升 30%～50%) 也进度迟缓，特别是在经合组织国家。2015 年建筑物面积约合 2300 亿 m^2，当中大部分到 2050 年将仍然存在。

① 请参见第 103 页的技术概要说明。

而改进措施通常只追求眼前效益(如窗户置换和适度绝缘)，将错失以较好成本效益投资实现深度节能的有利时机。建筑物能源改造的速度还需要大幅提高，到 2025 年年均增速从 1%～2%提高到超过 2%～3%。

2) 进展追踪

全球新建筑的高效化进程同样十分缓慢，尤其是非经合组织国家，而这些国家的建筑面积在 2050 年之前仍会不断增加。

因此必须大力支持强制性建筑能源法规在发展中国家的采用和实施。可以首先从新兴经济体入手，这些国家在未来 10 年可能会面临低效率的建筑围护结构投资锁定的风险(图 2-48)。

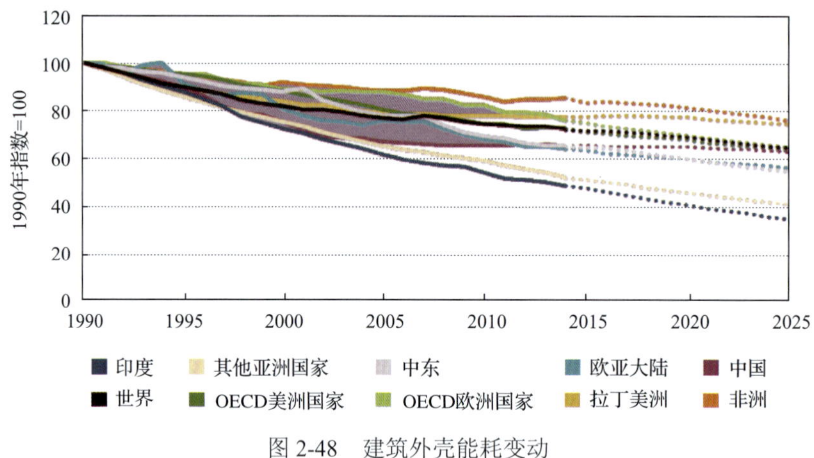

图 2-48　建筑外壳能耗变动

只有三分之一国家对整个建筑行业有强制性能源法规，参见第 103 页的技术概要说明

2015 年和 2016 年的一些显著进展包括：在几个撒哈拉以南非洲国家建设能源法规。印度也在推动从自愿的国家规范向覆盖大多数印度州非居民建筑的地区性强制性法规的积极转变。

其他进展还包括：2016 年在法国引入低碳建筑标识，以及在俄罗斯和南非建立能源绩效证书。在 2016 年，近 40 个国家有强制性的认证项目，多达 80 个国家自愿认证项目②。

3) 行动建议

对建筑能效特性的明确和一致的标识，以及改善高能效建筑围护结构建设和更新融资渠道能够引导市场转向高能效和低碳建筑投资。要迅速采取并实施与各国 2℃温控目标相匹配的积极的建筑能源法规和能效标准。另外，还应对现有建筑能源法规进行修订和更新(无论是自愿性的还是强制性的)。

政策制定者也应该支持先进的、集成的建筑围护结构和建筑实践的开发和示范推广。各国政府之间的合作，尤其是在协调和提高建筑能效标准方面的合作，可以帮助向市场发射一个与 2DS 下建筑围护结构目标一致的坚定信号(图 2-49)。

② 请参见第 103 页的技术概要说明。

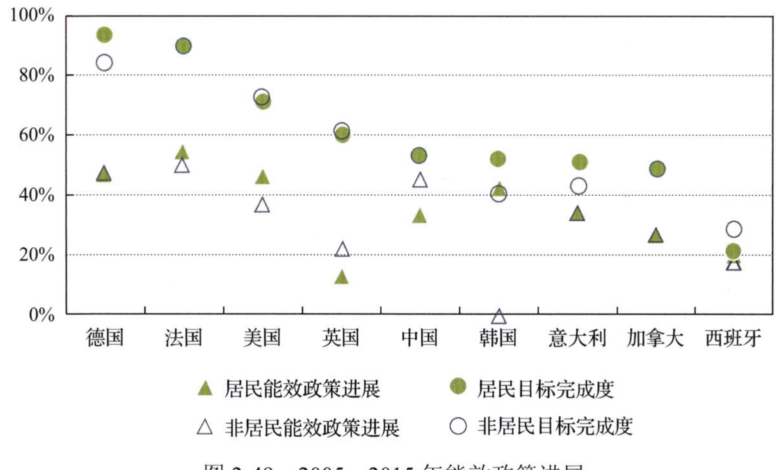

图 2-49　2005～2015 年能效政策进展

到 2025 年三分之二的新建筑将被纳入建筑能源规范管理范围内，参见第 103 页的技术概要说明

2.16　照明、电器和设备

● 不能如期实现

↗ 上升趋势

到 2025 年，全球建筑中的照明、电器和设备的节能潜力为 100EJ。我们需要将能效标准和标识(standards and labelling, S&L)项目扩大到所有国家和绝大多数产品。为了确保持续的能效提高，S&L 项目也需要和技术一同发展。

1)最新趋势

自 2010 年以来，全球建筑中的照明、电器和设备[①]能耗以每年 1%的速度稳步增长。非 OECD 国家对能源服务和热舒适的需求增长迅速，其相应能耗增速也比全球翻了一倍。

在过去十年间，建筑照明和空间制冷能源需求增长显著，特别是随着发展中国家能够更好地获得电能，家庭财富和热舒适需求不断增长，使得其能源需求大大增加。从 2005 年起，全球制冷和照明需求都以每年约 2%的速度增长，而非 OECD 国家的年增长率则超过了 5%。

家用电器(如电冰箱和电视)拥有率的增长，以及消费者偏好(如电器尺寸)的变化仍继续推动更大的建筑能源使用。尽管很多国家针对家用电器的 S&L 政策取得了长足进展，但当考虑到人口增长、家庭规模缩小[②]及电力获取更加便捷，其最终效应体现为全球大型家用电器能源需求从 1990 年到 2016 年增长了 50%(图 2-50)。

相较之下，空间加热和热水的能源需求则以每年低于 0.5%的速度缓慢增长。究其原因，一部分是由于非 OECD 国家生物质能使用的转移，而能源效率的进步(比如很多 OECD 国家采用的冷凝式锅炉和热泵)也有助于改善这些终端能源需求。

①～②请参见第 103 页的技术概要说明。

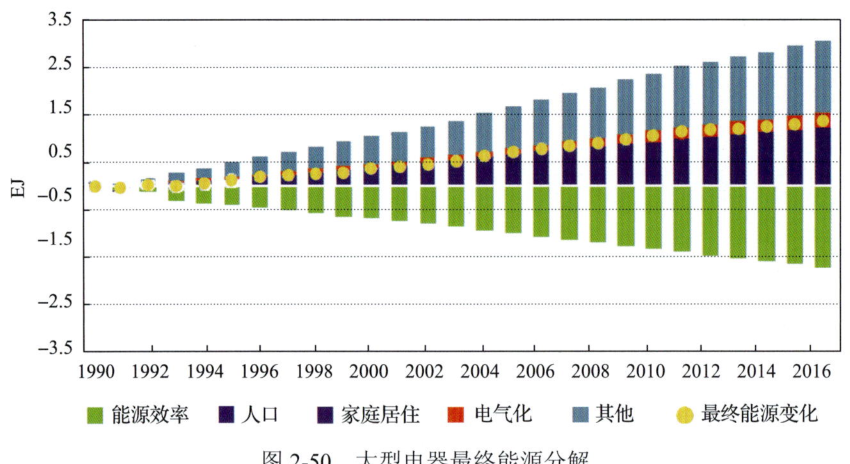

图 2-50　大型电器最终能源分解

到 2025 年，照明、电器和设备的年均电力需求增长需要降低 50%，参见第 103 页的技术概要说明

2) 进展追踪

S&L 项目的覆盖范围继续扩大到更多国家和越来越多的产品，但为了扩大和加强绝大多数建筑终端使用的 S&L，需要适用于所有国家的强势政策。联网设备和其他用电插塞载荷(如便携式电子设备和小型家电)自 2010 年以来以年均 3.5%的速度增长，这些产品的能源效率和产品标识也需要努力改善。“智能”家电和联网设备或许代表着一个重大的节能机遇，但仍需努力确保这些技术被智慧地使用，并实现它们的节能潜力。

应对全球制冷能源需求增长，同样也需要付出更大努力。尽管存在各种各样的最低能耗标准和高效产品，大多数国家制冷设备的平均能耗仍然非常相似，并且持续表现不佳(图 2-51)。为了实现节能潜力，需要更大努力，特别是在印度、墨西哥和印度尼西亚等快速增长的市场，这些新兴市场的制冷需求在下一个十年将可能以每年 5%甚至更大的速度增长。

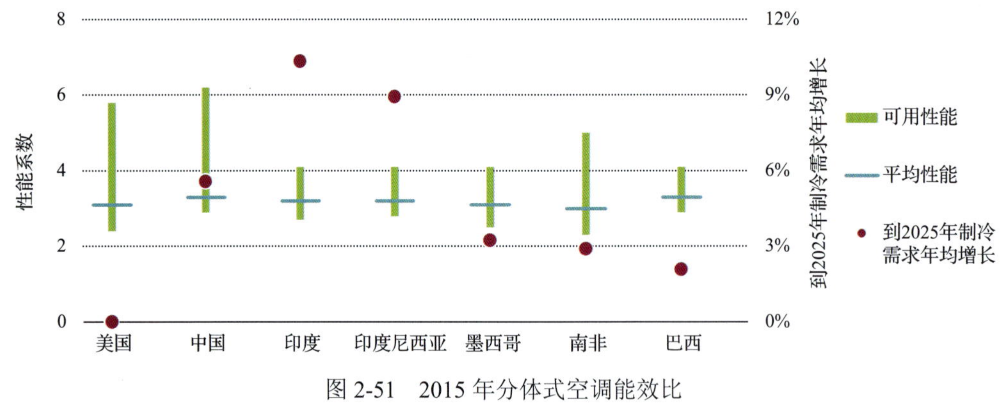

图 2-51　2015 年分体式空调能效比

参见第 103 页的技术概要说明

就积极的方面来讲，尽管照明产品销售经历过早期从低效的白炽灯转向同样低效的卤素灯，但现在已经开始转向高效的 LED 灯(图 2-52)。2015 年，LED 灯的销量已经占据全部家用灯具销售量的 15%(2016 年预计已经增长至将近 30%)。最近的市场趋势也显

示，随着能源效率的提升速度比电视机尺寸的增长速度更快，电视机的平均能耗在 2015 年开始达到峰值。

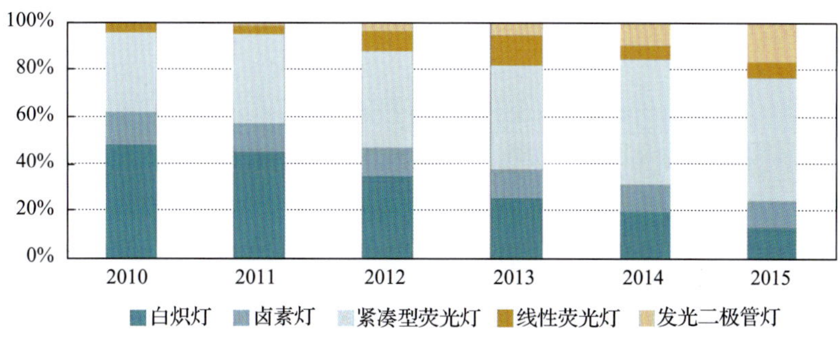

图 2-52　居民子部门全球灯具销售份额估算

参见第 104 页的技术概要说明

3) 行动建议

在 2DS 下，全球建筑电力消费的增速需要从过去十年年均 3%减半，降至年均 1.5%。对所有国家和绝大多数终端产品，S&L 项目需要进一步扩大和加强。同时，它们也需要定期评审以确保效率要求跟上技术变化，并和 2DS 目标路径保持一致。评审应该包括现有 S&L 项目的监督与执行。最后，消费者偏好也能对最终能源需求产生显著影响，S&L 项目应该力图考虑变化的消费者偏好(如更大的图像分辨率)。

2.17　可再生能源供热

● 不能如期实现

～ 有限发展

供热在最终能源消费中的占比超过 50%，并主要依靠化石燃料。可再生能源供热增长一直保持稳定但缓慢，要满足 2DS 目标，2014～2025 年，必须达到一个 32%的增长。太阳能供暖将需要实现最大的增长，但如果它近期的增长减速持续的话，将无法实现 2DS 目标。

1) 最新趋势

可再生能源供热的直接利用(现代生物质能、太阳能及地热)从 2010 年的 13.2EJ 增长到 2014 年的 14.2EJ，增长率为 8%① (图 2-53)。其中，超过三分之一的增长来自于中国可再生能源供热的消费，大部分是通过太阳能热利用装置安装量的快速增长。目前，欧盟可再生能源供热消费最多，其将近 15%的热需求是通过可再生能源来满足。在新兴经济体中，巴西由于将生物质能用于食品、造纸和纸浆、乙醇等产业中，其在可再生能源用于供热的占比方面，居于前列(37%)。

生物质能(不包括生物质能的传统利用)占可再生能源用于供热的 90%，包括在建筑和工业部门的各种热应用。生物质能供热在欧盟稳步增长，并占据了欧盟 2015 年全部木屑颗粒需求的 60%以上(图 2-54)。然而，也有证据表明，在一些国家，低价的燃料油和 LPG 限制了生物质能供热的发展，特别是在没有联入天然气供应网的市场，生物质能供

①～③ 请参见第 104 页的技术概要说明。

热常常可能更有竞争力。

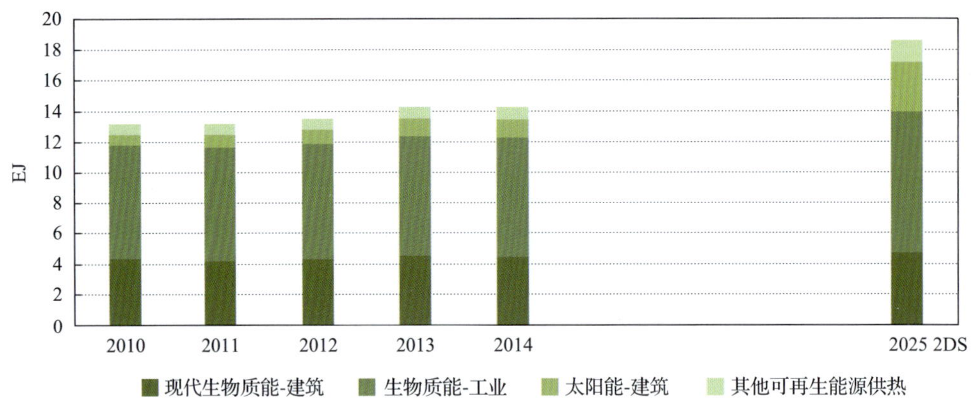

图 2-53　可再生能源供热技术(2010～2014 年) vs 2025 2DS 目标

参见第 104 页的技术概要说明

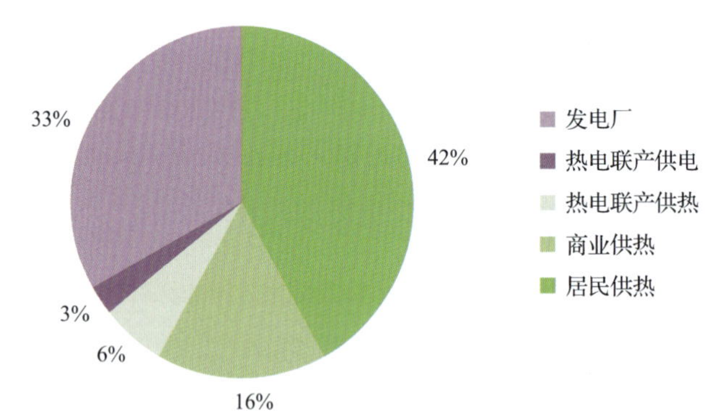

图 2-54　欧盟木屑颗粒消费份额(2015 年)

2015 年太阳能供热装机容量达到 436GW_{th}，参见第 104 页的技术概要说明

太阳热能(主要用于热水供暖)增长比整个的可再生能源供热增长速度更快。但是，在过去两年，由于中国的减速和欧盟的增长滞缓，太阳能热利用装置的新安装量速度已经减慢。2015 年，总的新装机容量为 40GW 热容量(GW_{th})，比 2014 年低了 15%。在一些高日照水平的国家，太阳热能系统比电力和化石燃料更有低成本竞争优势。在其他地方，大的装机量能够提供规模经济。在 2016 年年末，世界上最大的太阳能热发电厂在丹麦锡尔克堡(Silkeborg)投入运行，并预期能够生产 80000 兆瓦时供本地区热网使用。

通过利用储存在地下、空气和水中的可再生热源，以及可再生能源在电力供应中的比例不断上升，电动热泵在供热去碳化方面也起着重要作用。据估计，来自热泵的热消费从 2010 年以来已经增加了 7%，其中最快的增长(50%)来自中国。

2)进展追踪

可再生能源供热在全球都有巨大潜力，但大部分仍未被利用。可再生能源供热的增长不及可再生能源发电的增长。要满足 2DS 目标轨道，2025 年可再生能源供热的直接利用量将必须在 2014 年的基础上增长 32%，其中非生物质能部分需要得到更快增长[②③]。

例如，到 2025 年，太阳能供热消费的增长将必须增加两倍。这也意味着，年度配置率必须达到现在水平的两倍以上。要实现这一水平，在中国和印度等重点国家的部署必须得到提升。伴随着可再生能源发电的快速部署，热泵利用也必须较近些年实现更快增长。

3）行动建议

可再生能源供热仍旧面临着许多经济的（如高资本成本、奖励分散和化石燃料补贴）和非经济的（如缺乏意识、缺乏信心和适宜性问题）障碍。要解决这些障碍，需要加强政策支持和政策一致性。政府应该为供热去碳化设立目标并制定战略。为了取得效果，它们必须覆盖到所有部门，并考虑可再生能源供热部署、供热电气化及能源效率提高三者之间的适当平衡。集中供热网的扩大也能够在其中发挥作用，一方面使规模经济得到利用，另一方面也能更好地控制生物质能利用时的空气污染物。由于供热的分片和分散化特性，地方性的供热规划能够做出重要贡献。其他已经显示有效的政策工具包括碳税、要求新建建筑必须安装可再生能源供热装置的建筑规范，以及财政支持机制。

2.18　储　　能

● 按目标进行

↗ 有限的发展

由于政策、技术发展和监管部门对储能价值的欣赏，储能技术的部署得到持续的发展。锂离子电池由于成本低廉和生产规模的迅速扩大而成为了主要储能技术。由于积极的市场和政策趋势，存储量正按照 2DS 要求发展，但到 2025 年仍需要额外增加 21GW 的容量（图 2-55）。因此，需要进一步的政策行动来应对部署的挑战。

1）最新趋势

随着世界许多可再生能源的兴起，理解和管理的灵活性正在成为能源市场的基石。2016 年，在短期和长期平衡市场的重要部署中，特别是欧洲和美国，储能在提供灵活性方面发挥了更大的作用。

虽然 2016 年非水力发电的公用事业规模储能储的总增量略高于 500MW（低于 2015 年增长率），但 2016 年下半年有将近 1GW 的项目被公布。2016 年绝大多数公用事业规模的固定储能容量是锂离子电池。其他电池（例如氧化还原电流或铅酸）估计占增加储量的 5%，所有其他存储技术组合占剩余的 5%（图 2-56、图 2-57）。2016 年的一个关键的确定趋势是一体化能源公司、制造商和设备供应商的行动，以扩大其存储活动，导致更集中的市场。与 2015 年相比，因为有国家政策支持的活动，美国的储能容量略有增长。在欧洲，英国通过市场拍卖按中标价交付了 50 万 kW 的市场容量。拥有太阳能光伏发电能力的国家（法国、德国、澳大利亚和意大利）带动了新兴市场对可再生能源储存装置的增长①。

在中国，“十三五”期间，向高压输电的偏向和缺乏具体的政策支持的趋势削弱了蓄电池的前景，强化了大型水电站项目。然而，东盟地区的定制储存装置几乎翻了一番，主要是由小型和岛屿系统驱动的。

除技术本身之外，利用存储优势的创新商业模式在一些地区增长缓慢。虽然欧洲和

① 请参见第 104 页的技术概要说明。

美国的监管机构正在采取积极措施，为聚合商、虚拟电厂和其他平台创造有利的环境，但评估其对 2DS 预测的影响还很早。

2) 进展追踪

2DS 预计到 2025 年将达到 21GW 的总能量储存能力。不确定性的关键仍然在可再生能源的存储。这一领域的增长在 2016 年是显著的，虽然 20MW 的基础非常低，且监管的不确定性压制前景。

与 2DS 目标路径保持同步，将需要技术在未来十年以当前增长路径上持续下去。虽然技术的进步改进似乎足以满足短期部署需求，但先进技术，特别是减少材料需求和增加能源密度的技术将需要保持进展。在 2016 年，大型玩家开始获得正在开发这些下一代技术的初创企业。

3) 行动建议

相关政策需要支持技术发展，以充分发挥储能的潜力。目前，电网运营商对储能的使用有限，主要是由于市场规则和法规缺乏清晰度和透明度，市场缺乏灵活性和辅助服务，以及新业务模式的参与度太低。虽然净计量和其他激励措施可能对后期计量储存产生积极影响，但每个管辖区都需要进行政策评估，以评估消费者生产的电力和储存的影响。这包括了解这些发展对传统电网和公用事业业务模式的影响。

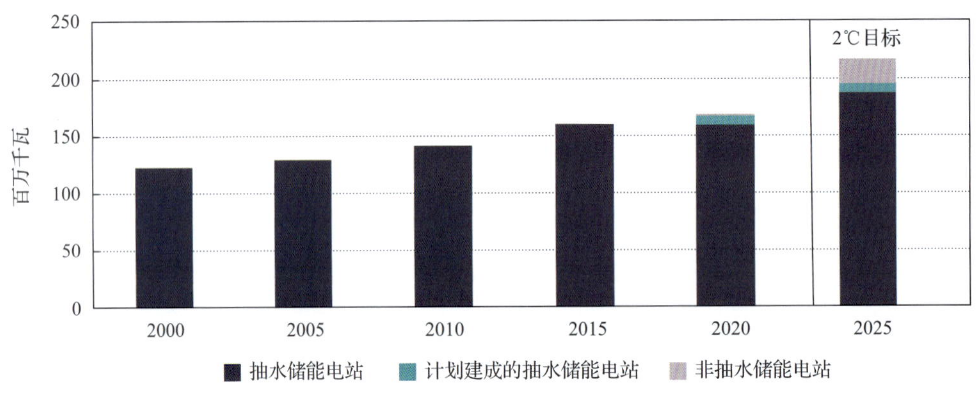

图 2-55　全球装载的电力存储

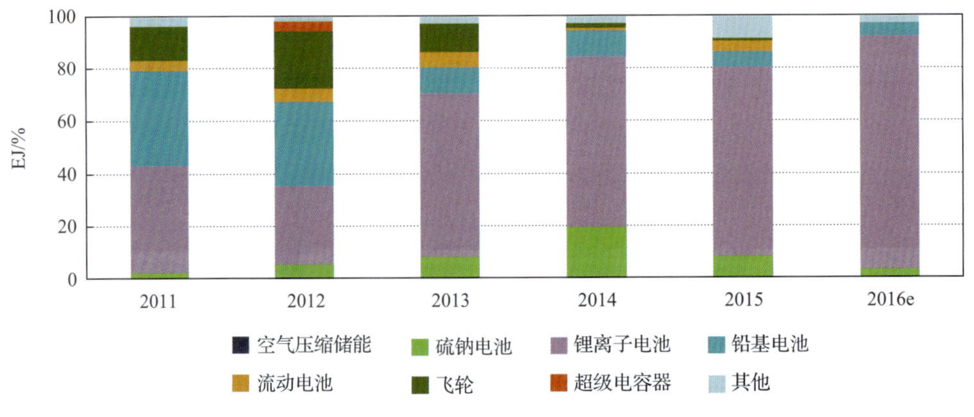

图 2-56　非抽水储能技术的发展

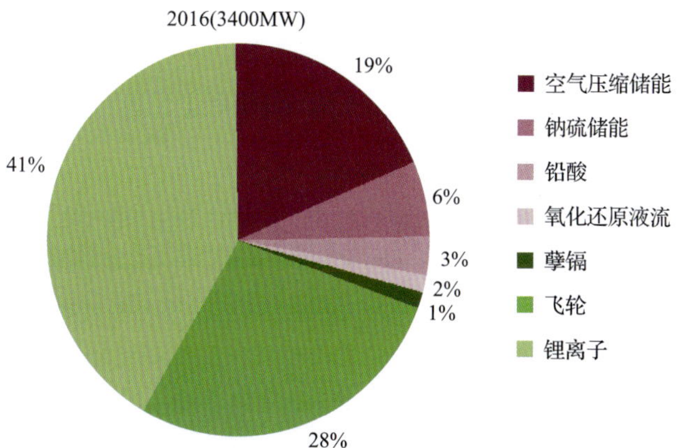

图 2-57　锂离子电池已经成长为主导的非抽水储能电池

第 3 章　追踪清洁能源创新进展

3.1　主要结论

(1)2015 年，全球清洁能源研发与示范(RD&D)总投资约为 270 亿美元，但该投资并非在全球范围内都实现了增长，并且还需要加大力度才能与可持续能源转型保持一致。包括一些国有企业在内的对清洁能源 RD&D 的公共资助在 2015 年超过了 190 亿美元，该额度比 2016 年企业 RD&D 总支出显著高出 60 亿美元，比 2016 年投向初创的清洁能源技术公司的风险投资基金高出约 20 亿美元。

(2)清洁能源 RD&D 对于今天的清洁技术选择至关重要，并在未来仍然至关重要。公共资金正在努力履行其规定职能，即对超出市场范围或具有较高开发和示范成本的技术进行支持，包括核能、碳捕获与封存(CCS)和海洋能源。企业对清洁能源的投资正在增长，但仍只占企业能源部门研发总投入的一小部分，且主要由那些在石油、天然气、火电、电网及公用设施等领域活跃的公司主导。另一方面，风险投资基金也主要关注清洁能源领域。

(3)实施诸如“创新使命(Mission Innovation)”行动与“突破能源联盟(Breakthrough Energy Coalition)”等公共和私营部门的互补机制，可以作为促进清洁能源创新的重要跳板。这种新的努力可以借鉴现有的协作机制，如 IEA 的技术合作计划。

(4)了解 RD&D 的投资模式可以进一步提高 RD&D 支出的有效性，并突出合作领域。对政府和私营部门决策者的主要建议包括：

①收集涉及公共和私营部门 RD&D 支出的更加全面准确的数据，特别是主要新兴国家和私营部门的数据。更加全面准确的数据将使得公共和私营部门决策者能够更好地找出投资缺口并提高资源分配的效率。

②制定和追踪度量优先技术的关键绩效指标。衡量清洁能源的创新进展不仅需要研究资金流，同时还要注重研究绩效指标，例如在 IEA 技术路线图中定义的各类指标。

③进一步提高创新政策的协作和交流水平，包括通过利用创新的公私合作制(PPP)、“创新使命”行动，以及国际能源署的技术合作计划(TCPs)。进一步探讨公共部门间的国际合作如何吸引私营部门的参与。

④加强技术创新进程的交流以促进专家间的进一步讨论，同时开拓更多的投资机会。

⑤引导清洁能源 RD&D 投资与创新生态系统的其他关键要素相一致，包括早期市场开发和人力资源能力。有效的优先级确定和投资，需考虑在国际、国家、地方政府、公司和企业家层面的短期和长期愿景，以及所有相关的活动水平。

3.2　引　　言

技术创新一直是能源部门发展的关键推动力。创新的重要性只有在全社会为实现可负担、安全和可持续的能源系统而努力时才能不断提升。对于那些致力于实现诸如减缓气候变化、空气污染和能源安全等共同的能源政策目标的社会尤为如此。

自 2012 年第一版《追踪清洁能源报告》(TCEP)出版以来，世界清洁能源技术库已大有改善。许多清洁能源技术现在已具备成本竞争力，但是未来几年还需进一步加快创新。TCEP 2017 中各个独立的章节重点强调了需要大量技术[①]创新的众多领域。这些领域涉及广泛，从木质纤维生物质能预处理，到低能耗二氧化碳分离和压缩，以及从突破性水泥生产过程，到小型模块化核能反应堆和改进的车辆材料与设计。

除了改进这套确定的清洁技术外，还可以利用不可预见的机会进行创新。净零排放路径的选择需要包括一些目前还没有吸引投资者广泛关注的“前沿”技术，这些技术在未来几十年的价值将非常可观。

考虑到创新本质上的非线性和不确定性，试图以单纯的成本效益为基础来评估激进的增量创新是容易误导的。因此，政府应考虑采取投资组合方式来支持公共和私营部门的能源创新(IEA, 2011)。这种方法可以平衡未来竞争情景的不确定性和技术突破的潜在回报。该方法同时支持对常见技术的低风险改进和更具不确定性的潜在破坏性思想[②]。

此外，真正的创新技术，如超导电力传输、便宜且密集的氢气存储、新型低冲击建筑材料、零化石燃料的钢铁生产，可以帮助抵消在实现 2DS 目标(更不必说低于 2DS 的目标)方面表现不佳的行业和技术。历史表明，不可预见的变化在几十年间很可能发生[③]。从 2070 年回顾今天可能就像从今天回顾 1964 年一样，那时还没有便携式计算器、通信卫星和微波炉，更别提互联网、无人驾驶飞机和三维地震勘测了。

本特别专题章节是对 TCEP 的主要内容的补充，该部分聚焦于创新进展第一阶段的 RD&D(专栏 3.1)。该部分检验了所有可获得的公共和私营部门在能源 RD&D 上的投资数据，包括指出关键趋势。同时，该特别专题还在考虑创新过程及其驱动因素复杂性的基础上，对政府和私营部门提出了一些具体建议。在该专题章节之后的表格中，还强调了相应部门的关键技术，以引起该部门对其 RD&D 进展和需求的关注。IEA 将继续推进这一领域的进一步发展。

专栏　3.1　创新过程的阶段和来源

创新是一个进化的过程。技术的选择基于其对生存环境的适应程度[④]。可以适应更多用户需求和资源的技术，其市场份额将不断扩大。与自然世界一样，选择环境本身是非静态的。相关技术、消费者行为或政策选择的变化可以反复地提高给定技术的价值，使其更有可能被选择，或者像已经产生的化石燃料基础设施，以及即将产生的一些低碳技术一样，有可能被取代。政府在塑造和影响技术市场方面能发挥关键作用。

能源技术创新进程可以分为四个阶段(IEA，2015)：

(1)原型和演示。

(2)成本和绩效差距较大。

---

① 技术可以在各个水平上进行定义。在较高水平上，技术可能是空间加热技术，甚至是电力空间加热技术。在较低水平上，地源热泵制冷剂或井眼钻机可能成为技术创新的焦点。由于这些技术是由大量可以单独改进并为整体进展做出贡献的较小技术组成，该报告在更综合的层面上对技术进行一般性的讨论。

② 投资组合方法需要政府资助者回答以下问题：哪些技术改进对于实现国家的能源愿景至关重要？这些改进可能来自哪里？并且哪些政策工具可以最有效地提供这些改进？哪些技术可以提高整体的可选性价值，并保持其他符合政策目标的愿景？

③ 无需指出，并非只有低碳能源技术才能实现能源技术创新：传统的高碳能源技术也在不断提高。提炼技术的创新已经使得可以在经济可行的成本下获得更多的油气资源，从而消除了石油生产短期峰值的威胁(spectre)。

④ 选择环境包括社会规范、现有基础设施、互补技术和竞争技术。现有权力和有限理性可以影响这些因素，使得用户不能总有机会或信息去选择最优技术，但是在可选项中，他们倾向于采用符合他们需求和期望的解决方案。

(3) 成本和绩效差距减小。

(4) 无需财政支持，实现竞争力。

在每个阶段，投资者所承担的风险水平都会降低，其对公共支持的需求也会降低。然而，创新通常不遵循从原型到示范、部署及扩散的线性演进。特定的技术也同时处于不同市场和应用中的不同阶段[⑤]。此外，部署阶段将为那些在原型阶段不断出现的技术产生新的改进思路。因此，这些阶段同时运行，并且可能相互重叠，相互支撑并超越彼此的表现(图 3-1)。

在不同的发展阶段，创新有不同的来源，这意味着对技术的支持需要作出相应的调整。已被确定的四个来源是：

(1) 新型技术的 RD&D 和现有技术的改进。

(2) 边做边学：工程师和其他人员在获得更多经验的同时逐步提高技术水平。

(3) 扩大生产可以实现规模经济和有效价值链。

(4) 跨行业和地区的利益相关者间的知识交流。

通过 RD&D，将会对现有技术产生新的想法和改进。研发(R&D)先于示范，并且可在企业研究室、大学、政府研究机构和小型公司进行。在已具备商业规模的现实世界环境中进行示范，是显示技术和商业可行性的后续步骤。示范过程向市场参与者和决策者报告成本和绩效。

RD&D 主要与创新过程的原型和示范阶段有关。在这个阶段，投资者通常面临最高的风险，并且政府支持力度最高。然而，一种技术甚至即使在没有财务支持其提高绩效和市场竞争力时仍具有竞争力，其 RD&D 也仍会继续进行。

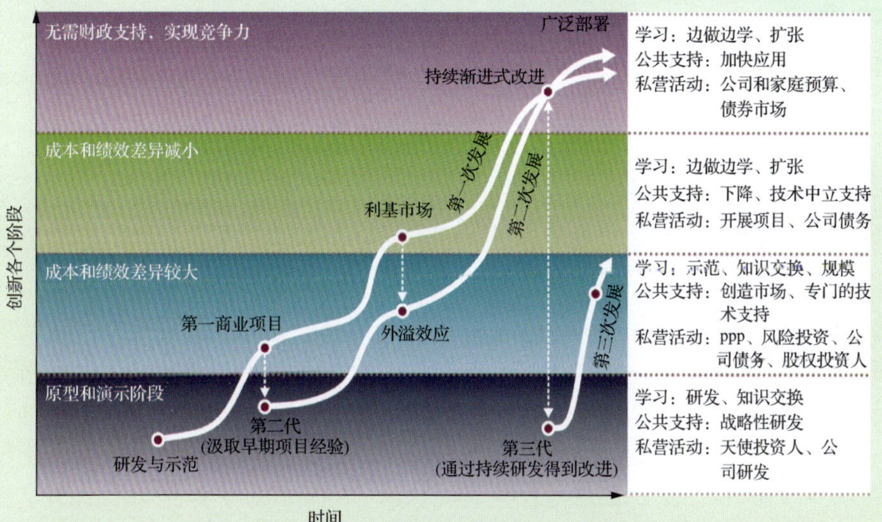

图 3-1　太阳能光伏的技术演变阶段和创新来源

要点：创新是一个进化的过程。当今的商业技术，无论是低碳还是高碳技术，如果条件正确，将可能被在原型阶段出现的解决方案所取代

⑤ 当今的电池在夏威夷等电力价格较高的岛屿系统中的成本可能会很低，但在美国的其他州需要大幅改善或支持。

3.3　追踪研发与示范(RD&D)支出

目前尚缺乏来自公共或私营部门的集中可靠的全球能源 RD&D 支出数据。政府支出是全球经济实现创新的重要来源(专栏 3.2)，IEA 是目前收集能源 RD&D 预算数据的少数机构之一，其成员国每年根据规定的指导，按技术类别上报数据。一些非 IEA 成员国家会出版其预算和支出数据，但一般来说，这些国家不会把能源或电力、石油和天然气，以及煤炭企业等较粗分类的数据进行更细的分拆。

此外，对能源终端利用效率的研究并不总是趋于一致，因此，与高效的建筑、车辆或制造有关的活动可能会被低估(Wilson et al.，2012)。一些国家在传统的政府预算之外，对创新进行了重大的“公共”投资，进一步复杂化了这个问题。在中国，与其他一些国家一样，由政府主导的研究很大一部分是由对 RD&D 进行自我资助的国有企业执行的。在墨西哥，对石油和天然气的产值征税用于非国有实体的能源 R&D 支出(SENER，2017)。将对“清洁”能源的研究投入与其他能源议题分开也是很困难的，并且利益相关者对“清洁”的定义也往往持有异议。

企业部门的挑战更大，许多公司并不愿意报告其资金水平的任何细节。另外，能源和非能源的 RD&D 支出通常难以区分。

考虑到这些挑战，本特别专题试图将政府和企业支出的可用数据集中在一起，并且指出未来改进 RD&D 知识基础的关键趋势和机会。

专栏 3.2　创新过程的阶段和来源

政府在清洁能源 RD&D 方面发挥主导作用，特别是在诸如减少温室气体排放和当地污染等努力带来的许多社会效益尚未得到市场重视的情况下。通过对 RD&D 的支持，政府将其经济指向具有重要价值的活动。因此，政府具有作为市场失灵矫正者和市场发展塑造者的双重身份[⑥]。

对 RD&D 的投资与其他能源部门的投资不同，其所产生的资产通常是无形的，并且其收益具有高度不确定性。资助者可能难以评估这些项目，特别是对于仅能通过投资去了解一项技术的情况。获得的知识可能被竞争者以较低的边际成本使用。RD&D 具有较长的交付期，通常是涉及多个组织的集体累计企业。财务必须愿意去承担高风险，且具有战略性和耐心。

虽然风险投资和私募股权基金等资金来源成功地识别了具有较高的中期价值的技术，但并没有像长期战略投资者一样成功。公司的主要研究项目可以进入金融市场，但投资会受到恶性循环的限制：直到产品有明显需求前，无法找到是否为技术研究筹资的理由；直到技术被证实有效之前，很难引起市场参与者对产品

⑥ 政府不断采取行动来塑造市场以实现社会公共福利，这些行动包括：调整税收、规范市场竞争和反托拉斯行为、实施贸易和移民规则、分配收入、提供教育机会、禁止环境破坏活动，以及创建信息交流的论坛。

的需求；而没有资金对研究的支持，又很难证实技术的有效性。因此，对创新的投资可能偏向于可获得短期收益的机会：对美国 24 万个大型和小型企业进行的能源 R&D 调查发现，三分之二的企业正式衡量了其能源创新的经济影响，并预期能源创新在两到三年内能够收回投资(Anadon et al.，2011)。

企业的资产负债表用于创新的战略投资，但有证据表明，业务支出可能会越来越集中于最大化其短期股权价值。尽管近期 R&D 借款利率较低，欧洲和美国的许多公司已经提高了股权回购的资金[⑦]。金融危机以来，活跃在清洁能源技术方面的公司的股权回购水平有所上升，其值高于 2015 年的 R&D 投入(图 3-2)。此外，拥有大量遗留资产的老牌企业所主导的行业，则很少鼓励支持激进创新，而往往把重点放在增量研究上。

政府是长期耐心资本的重要来源。政策工具可用于风险项目的融资。因此，私营部门的大量创新均建立在由公共资金支持的具有高风险的早期阶段研究项目基础上(Mazzucato，2011)。政府可以让其他来源的资金在追求长期战略使命中占据“一席之位”。公共能源 RD&D 投资的商业成果可能是非常显著的。在 20 年内，中国就从技术进口国转变为若干低碳技术的主要制造国和出口国(Tan and Seligsohn, 2010)。

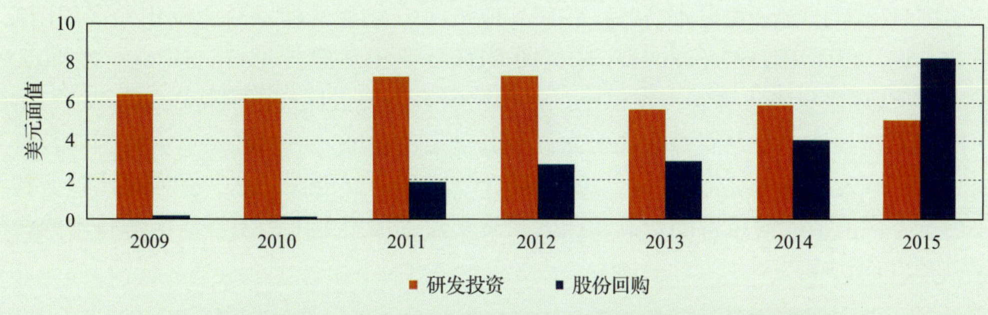

图 3-2　收入前 20 强的清洁能源公司的研发支出和股份回购

清洁能源公司的定义依据彭博行业分类系统(BICS)的行业分类；

数据来源：彭博(2016)，彭博终端；

要点：近年来，由于资本获得相对容易，一些公司被鼓励将资金用于追逐短期效益而非长期发展

1)IEA 成员国 RD&D 支出发展趋势

IEA 各成员国政府报告关于清洁能源的 RD&D 支出在 2000～2010 年翻番至 150 亿美元左右(IEA，2016c)，约占这些国家总预算开支的 0.15%(图 3-3)。若不计算核能，则这一增长将变为 4 倍。然而，能源 RD&D 支出自 2010 年以来一直停滞不前，这一现状也促使了“创新使命”行动[⑧]的适时启动。而签署创新使命的国家，承诺在 5 年内将清洁能源研究支出翻一番，力求扭转这一趋势。

⑦ Lazonick (2015) 描述了20世纪80年代股权回购相关公共政策的影响，以及自股东价值最大化目标成为主流之后，其对美国公司部门支出模式的影响，这导致了更为短期的决策制定。

⑧ 虽然2009年是自2000年以来的峰值年，但这一支出的激增与针对大型技术示范项目的后危机刺激一揽子计划有关，如美国复苏和再投资法案2009。

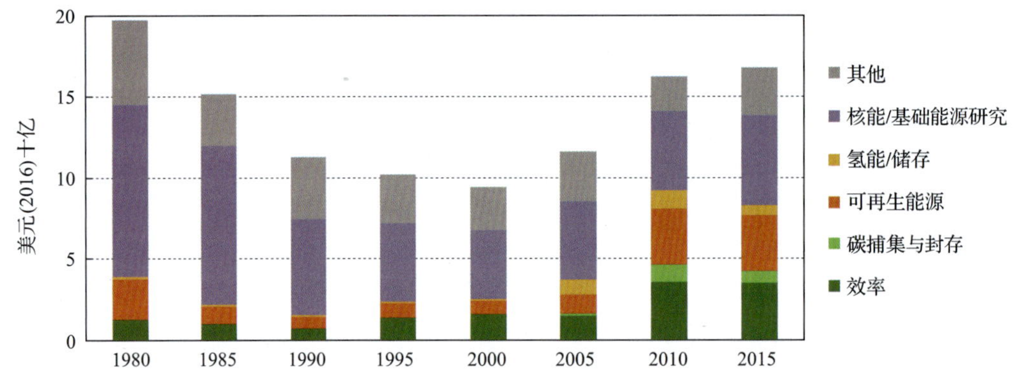

图 3-3 按技术分组的 IEA 公共能源 RD&D 预算

T&D =传输和分配。基础能源研究是指那些最终的应用可能并不归因于前文所列的特定技术的基础研究，包括欧盟委员会和国有企业支出报告；

要点：按实际值计算，IEA 国家的公共 RD&D 支出自 2000 年低位之后已迅速反弹，其增长主要在于清洁能源技术

不专门针对化石燃料的 RD&D 支出的份额，由 1990 年的 80%上升至 2015 年的 93%。可再生能源和能效的份额，均分别从 1985 年的仅为 7%上升到了 2015 年的 20%，二者在 2015 年的 RD&D 支出共计达到了近 70 亿美元。自 2010 年以来，化石燃料预算(不包括 CCS)的实际值一直保持在 11 亿美元。

美国(份额为 35%)和日本(19%)是 IEA 成员国中在能源 RD&D 上支出最多的国家。但总的来说，能源 RD&D 只占 IEA 成员国 RD&D 支出总额的 4%左右。这一水平自 20 世纪 80 年代以来已经下降了一半以上，而国防研究支出占比一直保持在 30%左右。

IEA 数据表明，公共资金正在努力履行其规定的功能，对远超出市场范围或具有高开发和示范成本的技术进行支持，包括核能、CCS 和海洋能源。这一点通过比较公共资金中用于不同清洁能源技术的份额和风险投资私营部门资金中用于清洁能源技术的份额便可以看出(图 3-4)。

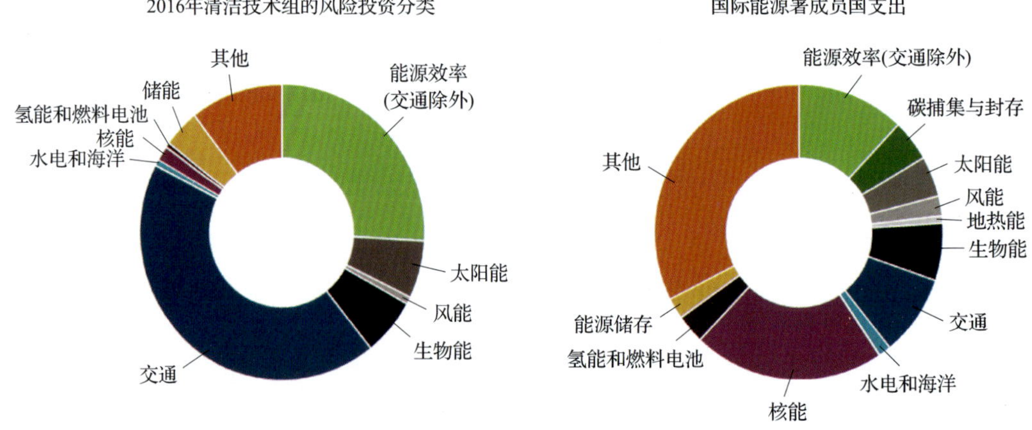

图 3-4 清洁能源技术在公共 RD&D 和 VC 基金中的相对份额

来源：清洁技术组(2017)，i3 数据库

要点：政府倾向于支持比私营部门更为广泛的技术，显示了投资组合方法在公共 RD&D 经费中的价值

各国上报给 IEA 的数据显示了对 RD&D 的直接预算支出及一些国有企业的 RD&D 预算。然而，政府投资清洁能源 RD&D 项目，往往使用更加多样化的用于实现不同目的的工具和政策(表 3-1)。这些工具是国家或地方政府最常用的，但一个积极的趋势是在天平的一端有更多的城市参与，另一端是政府间的合作。城市可以有效地支持诸如智慧城市示范这样的项目用于满足当地的需要，而国际倡议则可以资助单一国家无法完成的项目。

表 3-1 支持清洁能源 RD&D 的公共工具

基金工具或政策	描述	目的	例子	挑战
税收激励	降低税率或对研发支出退税，免税额，工资税扣减，对尚未盈利的初创企业退税	在各部门鼓励企业进行更多的 RD&D，提高技能和保持本地企业的竞争力	广泛应用于经合组织各国	在低社会价值与高社会价值的研究之间不加以区分。 高预算成本风险意味着可用的税收减免有时是有上限的。可能导致国家或地区之间在研发人才方面进行竞争，进而增加成本。没有机制可以确保所得到的研究是高质量的
有针对性的税收激励	针对某一特定部门或特定研发类型的优惠税收待遇	在创新链的一部分激发更多的活动或战略性地塑造一个部门	法国: La jeune entreprise innovante (J.E.I.)； 印度: 对进行创新开发的初创企业的免税(START-UP NY)	
公共研究实验室	政府可以聘请研究人员为公务员，并建立长期研究计划	对从事战略课题研究的工作人员提供资金和工作稳定性，使他们免受商业压力	美国国家实验室：可再生能源国家实验室(NREL)，太平洋西北国家实验室(PNNL)，劳伦斯伯克利国家实验室(LBNL)、企业等； Fraunhofer 系统与创新研究所(Fraunhofer ISI)； 印度生物技术与生物能源研究中心； 国王阿卜杜拉石油研究中心(KAPSARC)； 加拿大国家研究理事会	由于专业知识难以转移给新课题，这将巩固研究的路径依赖性。 预算在资金周期之间往往难以显著变化
国有企业研究	政府可以利用其所有权来指导研究的水平和类型	支持那些致力于保护国内 RD&D 回报的国家龙头企业。 指导公司战略服务于国家利益	俄罗斯国家原子能公司(Rosatom)； 可再生能源公司(Masdar)； 瑞典瀑布能源公司(Vattenfall)； 中国国家电网公司(SGCC)； 魁北克水电集团研发 中心	管理激励需要与确保对创新进行最高回报相一致
100%赠款	对那些在公共机构或私营机构从事政府机构所选择项目的研究人员颁发的资金	解决私营部门研究资金不足问题，并引导其解决政府首要任务	中国关键技术研发计划	对私立研究进行公共资助可能会“挤出”私营部门对 RD&D 的投资⑨。 公共资金可能并不会像公司那样谨慎地使用自己的资源

⑨ 虽然有担忧称私营部门研发与示范投资可能会被公共研发与示范支出“挤出”，但证据是含糊的。总的来说，政府的一项重大举措被认为是向私人投资者发出信号，这一信号超过了对资金或人力资本竞争的影响。

续表

基金工具或政策	描述	目的	例子	挑战
共同出资的赠款	资助私营研究项目的资金由公司自有资金使用情况决定，比例为成本的5%～50%以上	与100%赠款相比，共同出资减少了“挤出”的风险，并能更有效地利用公共资金	能源先进研究计划署(ARPA-E)；地平线 2020，安全、清洁和高效能源。巴西发展银行(技术基金)；加拿大能源创新计划(EIP)	在大多数情况下，政府作为资助者，对产生的潜在知识产权并不保留任何权利，且只能从收益中间接获益
风险投资与种子基金	资本，通常是股本，提供给那些预期可在几年后通过出售股票获得可观利润的新的小型企业	政府风险投资基金为具有风险的并以商业为导向的创新建立一个市场，并可为基于资本市场的技术选择提供社会方向	美国小企业创新研究(SBIR)；芬兰国家研发基金(Sitra)；英国创新投资基金(UKIIF)；日本新能源企业技术创新项目	风险投资经理通常不具有技术背景，所设定的短期激励结构可能与更广泛的社会目标相冲突
奖金	为那些满足特定技术性能目标或优于对手的比赛优胜者颁发的资金	用奖金(或其他奖励)刺激创新，帮助技术决策者降低公共成本	太阳能技术方案奖(SunShot)；为光伏发电、低碳医院和 CO_2 再利用设置的地平线奖；生态汽车(EcoCAR)	
贷款和贷款担保	公共贷款可以为公司弥补盈利的资金缺口，使他们能够建设示范厂或新设施	公共贷款人可以更加宽容地对待追求公共产品所面临的风险，并提供低于市场利率的贷款	美国贷款(如向特斯拉贷款)；雷诺和 PSA 集团研究电动汽车的贷款(30 亿欧元)	对失败和不还款可能有较高的政治敏感性。只适用于已被证明是非常接近市场化的技术

公共 RD&D 投资组合也可以包括风险投资和种子资金等，这些并不完全面向私人金融领域。芬兰国家研发基金(Sitra)指导投资 40 多个基金以支持初创企业去解决生态、社会和健康方面的挑战。虽然它是由投资收益所资助的，但其帮助弥合清洁技术的研发和部署之间的差距的使命已被立法。

英国创新投资基金(UKIIF)已在清洁能源创新的不同阶段投资了 1.5 亿英镑(GBP)的公共风险基金和 1.8 亿英镑的私人资金。在美国，小企业创新研究(SBIR)计划为小型创新企业提供种子资金，而其资金的一部分是由能源效率和可再生能源政府办公室授予的。在许多国家，政府都积极参与公私合作制、贷款担保、孵化和构建商业网络，以促进对清洁能源创业的初期投资。

不同的技术和产业合作伙伴的政策工具和资金来源的适当组合是不同的(专栏 3.3)。对 RD&D 的直接支持(如赠款、贷款、税收减免)和对企业创新(例如支持风险投资和启动创业援助活动)的非 RD&D 支持，需要通过有针对性的促进清洁能源需求和市场的政策进行平衡，例如定价机制、公共采购、最低能源性能标准、能源效率标识和强制性目标。这些政策若单独实施，将会既低效又昂贵。

专栏 3.3 不同类型的技术具有不同的资金需求

技术的特点对于考虑 RD&D 所需的支持和投资类型是十分重要的。例如，实证经验表明，低单位示范成本的清洁能源技术仅需公共资源中较低的 RD&D 资金份额（图 3-5）。相反，具有较高的模块化和易于产品差异化的技术，若已形成初始市场，即使在“高成本差距”阶段也能够较容易地融资。

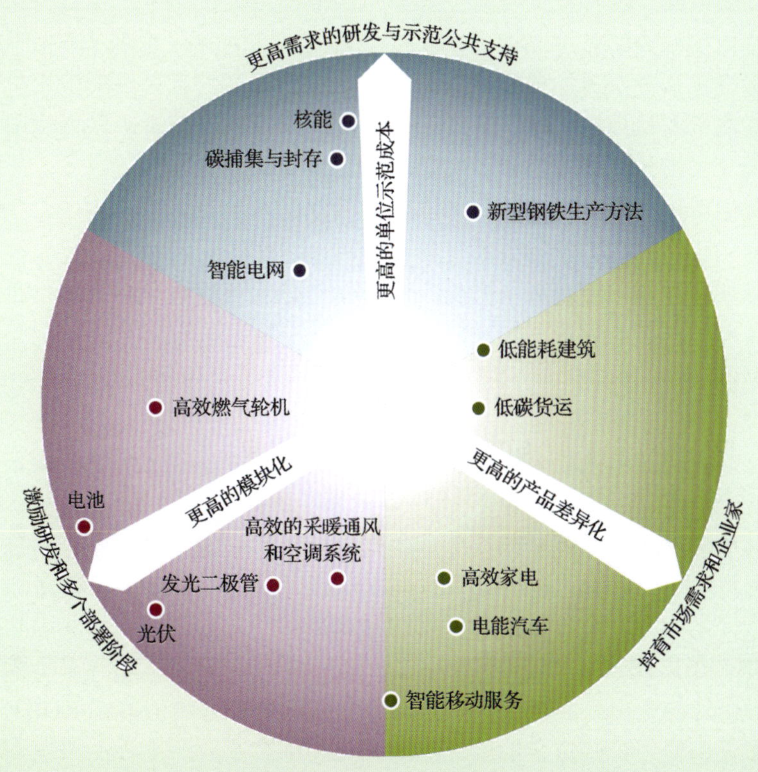

图 3-5 技术特征影响公共创新支持的相对需求

要点：不同类型的低碳技术需要不同层次和不同种类的公共支持

在某些情况下，清洁能源技术与其他快速发展的行业的需求有一些共性，均可通过更广泛的创新者搭载 RD&D，从而可使一个行业的投资者承担更少的总体风险和财务负担。例如，目前正在大力推动电池改进以满足消费类电子产品、运输和军事用途，同时改进电力存储以整合可再生能源和转移需求。与新型水泥生产方式相比，这些“溢出效应”加速了创新。

具有高单位示范成本的技术需要在创新链的早期阶段投入更多的资金以承担风险。CCS、核能和集成智慧城市解决方案，由于成本、情境的特殊性和价值链的复杂性，故均属于这一类型。对于核能创新，由于构建新的资格计划和监管框架需要适当的财务状况，因此开发周期时间表较长。在 CCS 方面，示范项目的成本约为 10 亿美元，且需要在投资决策后五年或更长时间才能获得成果，目前市值约为其成本的十分之一[⑩]。令示范风险仅对私有部门具有吸引力的监管变革一般在政治上是难以接受的，政府在很大一部分成本中承担起战略性作用，同时也提供未来将支持这些技术市场的信号。相比之下，其他技术，如能源需求管理软件，在原型和示范阶段都有非常不同的风险特征。

可批量生产的模块化清洁能源技术包括太阳能光伏、发光二极管、电池、客运车辆和高效电器。这种方式可为工业产出倍增积累大量的生产经验。这类技术通常可以支持更多种类的竞争制造商以获得特定的生产能力，并通过干中学和规模经济来实现标准化和更快速的成本降低。与其他商品一样，私人风险资本也可以提高，但可能取决于商品周期。这些特征可使政府在研究的早期阶段发挥作用；“市场拉动”政策，如绩效标准或消费者补贴和反周期支持。

一些创新可为不同的消费群体提供差异化的产品。对于这些技术，政府可在创造产品的初始“利基”市场方面发挥一个较小的作用。例如，高性能电动汽车对于富有的早期使用者来说是可负担的，可为他们提供身份地位和乐趣。在部署的最初阶段，这种差异化的消费市场一定程度上降低了补贴购买的总成本，并且可以支持诸如汽车制造商须出售电动汽车之类的政策。

2）世界其他地区能源 RD&D 支出情况

各国并不积极上报关于能源 RD&D 的数据，因此国际能源署（IEA）收集和追踪这部分数据颇具挑战性。这些数据通常不会被收集或出版，但有时可以从国有企业的国家预算和金融报告中获得。比如，印度会在部级预算中公布其研发支出数据。

结合所提交的创新使命报告及国家预算和报告信息，我们估计非国际能源署成员国政府[⑪]在 2015 年已投入了 45 亿美元用于清洁能源的 RD&D。这一总金额包括这些国家的主要国有企业的支出。而在中国，国有企业支出是公共清洁能源 RD&D 的主要来源。在中国，尽管由使用公共资金的工业能源企业和国有企业所上报的研发支出的实际值总额自 2012 年已下降 11%，但其一国的 RD&D 支出就占据总金额的四分之三（中国统计出版社，2016 年）。中国的这一下滑主要与煤炭和油气公司有关，并且可能在一定程度上被中国所倡导的清洁能源研发支出增加目标所抵消，正如其他创新使命的成员国一样。与国际能源署成员国不同，本报告评估认为非国际能源署成员国的大部分能源研发与示范的公共支出直接用于化石燃料研究，这一结论与 Kempener 等（2010）的研究结果一致。

对现有技术进行改进是目前新兴国家创新工作的重点。也就是说，经济增长和资本积累通过贸易和外国直接投资方式提高了中国、东南亚、中东和其他地区经济体在国际技术中的参与度。结合对国内技能开发的投入，与国际技术和知识交流的互动促进了新兴国家日益扩大的创新能力。对于适合这些国家的特殊环境和气候条件，新的低成本技术将是一个特殊的机会。

⑩ 基于中期内交易证书的预期二氧化碳价格或强化采油率（EOR）。

⑪ 包括：巴西，中国，印度，印度尼西亚，墨西哥，俄罗斯，沙特阿拉伯，南非，阿拉伯联合酋长国。

新兴经济体目前的大多数合作活动主要是促进部署而不是 RD&D。因为知识共享是有风险的，一些国家的创新能力有限，而且国家有关 RD&D 的法规和政策也有所不同，因此，合作研发通常是困难的。但是，经济全球化已使这一现状得到改变，并且技术创新的步伐也带来了更多的协作，被称为“开放式创新”(国际能源署，2015)。

IEA 在促进国际 RD&D 合作方面已有悠久的历史，来自世界各地的新兴国家和发展中国家均是各种国际能源署技术合作计划(TCPs)的成员国。技术合作计划(TCPs)和其他双边举措鼓励两个或多个政府汇集资源进行联合研发和创新项目。联合呼吁是指导经合组织国家和非经合组织国家研究适用技术和共建知识的重要工具。

3) 企业能源 RD&D 支出

目前关于企业能源 RD&D 支出数据，尤其是直接用在清洁能源上的数据来源十分有限。这一特点指明了哪些是现在可获得的数据并强调了关键趋势，所有这一切都说明，在未来，数据收集有进一步提升的空间，从而有利于政府决策者、企业和其他利益相关者做出决策。国际能源署与企业利益相关者一道弥补这方面的知识缺口。

全球的上市公司和其他能源公司[12]上报的研发支出在 2015 年下降了 2%，且 2016 年再次下降(根据初步结果)，扭转了前几年的增长态势(图 3-6)。然而，这一下降的大部分原因可归咎于石油和天然气公司的收入下降，而不是全行业趋势，也不是研发投入下降的迹象。虽然公司的研发支出在长期内总体平稳，但一旦发生变化，则仅保留关键技术，这说明面对企业总体资本预算的大幅变化，研发投入是极易受到影响的，尤其是在价格波动的市场中。

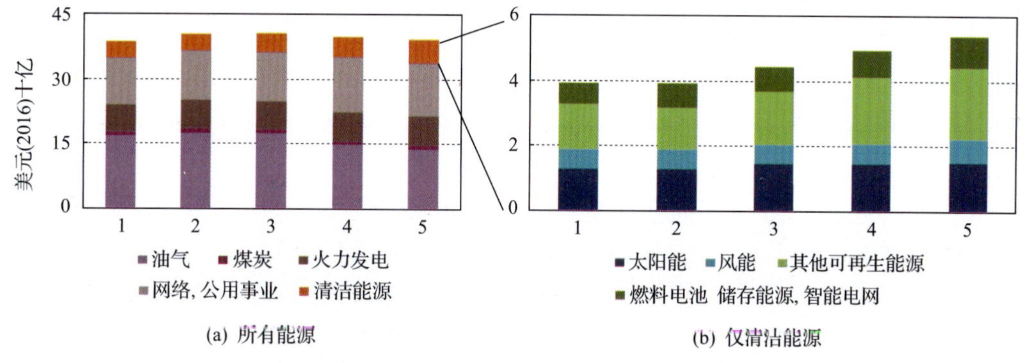

图 3-6　能源公司根据部门分类报告研发支出

2016 年的数据是暂定的，是基于 2017 年 4 月底的报告。报告的数据是以 2016 年的美元计算的。2016 年的数据是估计值，可能会在 2017 年进行修订。分类是基于布隆伯格工业分类法(BICS)的行业和所有在这些行业活跃的公司的相关收入份额。这种方法可能将一些清洁能源研发支出错配给火力发电基础设施建设和公用事业。它忽略了不需要披露研发支出但清洁能源研发可能会降低的国家。

资料来源：布隆伯格(2016)。布隆伯格终端。

要点：清洁能源支出在所有企业研发支出中仍然是一个小但是重要的、并且不断增长的份额

⑫ 根据 BICS，能源公司已经被单独列出。数据限制意味着能源效率研发的代表性不足，因为它主要由非能源行业的公司主导，通过将这样的公司的研发投入比例按照收入的份额分配给能源研发，从而更全面的实现这些活动，公司分配给替代车辆传动系统和发光二极管的例外。研发支出是从公司提交的账户中提取的，例如美国的 SEC 10-K 备案。一些公司的研发活动的横切性质意味着一些支出将不会被这种方法捕获。

清洁能源类型公司(或在清洁能源类别有上报收入的公司)的研发支出在 2012～2016 年从 39 亿美元增加到 54 亿美元。清洁能源在企业能源研发支出中所占的份额在此期间从 10%上升到 14%，主要是由于油气研发支出的下降。

在能源公司中，部门之间存在差异。平均而言，石油、天然气和电力公司每年都将其收入的 0.25%用于研发，而火电 OEMs 和清洁能源公司则将其收入的 2.5%用于研发。这反映了竞争性市场对设备创新的需求不同，以及与石油、天然气和煤炭的开采相比，清洁能源还尚未成熟。

与制药、消费品和汽车制造等行业相比，大多数能源公司的业务模式不是研发密集型的。在前 1400 名研发企业中，能源企业数量自 2010 年以来从 63 家下降到了 42 家(欧盟，2016 年)。汽车公司的内部研究占据了世界上高效车辆技术的大部分工作，平均而言，他们在研发方面的平均投入为销售收入的 3.2%，从而使其在以消费者为中心的市场中保持竞争力。对于一些汽车制造商，如大众汽车，这个百分比高达 7%。这个行业的收入很高，如果石油和天然气公司只占一半，那么，所有上市汽车公司在 2015 年的绝对支出会比石油和天然气公司高出五倍。

2015 年，突破能源联盟成员[⑬]的目标是提高对清洁能源研发的投资，包括使增加的私营部门投资更具耐心和更具风险承受能力。其他工业企业也认识到需要加快清洁能源研发。然而，虽然从公司研发支出数据中可看出总体趋势，但现有数据目前还不足以为政策制定提供可靠的信息。

私营部门 RD&D 支出是一个强大的集合，但目前尚不能被用作公开可获得的数据，四个主要原因如下：[⑭]

(1) 不是所有能源企业都提交公布包含研发支出的年度财务报告，例如，初创公司和非上市公司[⑮]不会发布此类报告。

(2) 不是所有能源研发支出都是由能源企业承担的，例如，大部分能源效率研究来自于建筑、制造、汽车、信息技术(IT)和消费品行业。

(3) 报告研发支出的公司通常在多个行业都很活跃，但只报告一个企业总体数字，例如，有些生产发电设备的公司，也是医疗保健发展的主要参与者。

(4) 在能源领域，企业研发支出一般不会将不同技术分别报告。研发支出的定义可能因公司和部门而异，比如是否报告了创新示范项目的全部或增量成本。

一些政府通过进行调查来了解行业研发支出，从而克服以上挑战，比如有关能源的调查问题，往往包含在正在进行的统计业务调查中。在美国，自 2008 年[⑯]以来，每年都进行商业研发调查，公司有义务报告其能源技术支出。结果表明，报告能源研发部门的多样性远远大于传统能源公司(图 3-7)。事实上，大多数上报的支出是由非能源公司完成

---

⑬ 突破性能源联盟是由一大批个人和机构组成的合作伙伴关系，致力于投资政府研究机构出现的新能源技术，以提供可靠的、负担得起的净零排放电力。

⑭ 这些原因都表明，私人公司对清洁能源研发支出的估计为 54 亿美元是被低估的。除了不涵盖某些公司或部门的相关研发外，“网络”类别中还包含一些智能电网研发，而一些发电效率研发也包括在“火电”类别中。

⑮ 大公司的大部分研究都是针对增量和持续的创新，以支持企业的现有业务利益。较小的公司更有可能追求更新颖，更具风险的技术选择，部分原因在于他们进入市场的前景取决于能否与现有公司区分开来。

⑯ 作为产业研发调查(SIRD)的继任者，始于 1953 年。

的，证明了超越能源部门进行能源创新的重要性。相比之下，这次调查中报告的 230 亿美元是美国公司能源研发支出的两倍，该数据是我们根据财务报告进行估算，并根据所有能源部门在 2014 年的收入进行分配后得出的(如上一节所述)，同时也几乎是同一年美国用于能源 RD&D 公共支出的四倍。

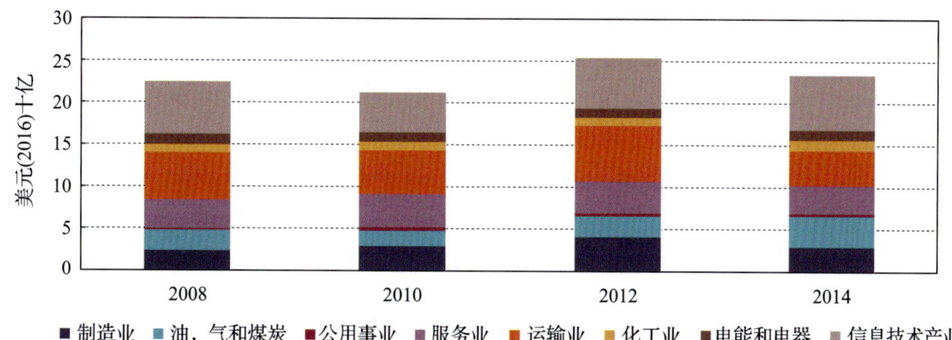

图 3-7　各部门向美国商业研发调查上报的能源研发支出

资料来源：美国国家科学基金会(2017 年)，2008～2014 年度业务研发与创新调查；

要点：根据美国公司的自我报告，大多数能源相关的研发由传统能源部门以外的公司承担

意大利的统计服务开展了一项与能源部需求相适应的调查来区分不同的能源技术研究。调查结果并未公布，但 2014 年总支出金额约为 4.1 亿美元，其中 59%用于能源效率，19%用于可再生能源。

加拿大每年也对公司在不同能源技术方面的研发支出进行调查。综合成果由加拿大统计局，即加拿大的一个主要统计单位出版。这一调查显示政府可以并且能够收集私人能源研发支出趋势的重要数据，但是问卷并没有详细报告清洁能源技术。与美国统计结果一样，加拿大的调查显示，行业能源研发支出比加拿大政府在能源研发上的支出高出 3 倍，但清洁能源的份额只有一半(Statcan，2017)(表 3-2)。

使用专利数据库估算私营部门研发投入的第三种方法是在每一年由欧盟委员会在能源联盟国家框架内进行的。根据这种方法，研究发现欧盟在 2012 年的清洁能源研究中共投入了 174 亿美元(EC，2017)。根据对欧洲的现行严格分析方法，全球私营部门年度清洁能源研发支出的投资额估计值约为 1,250 亿美元(专栏 3.4)。

表 3-2　政府对工业研发能源支出调查的例子

调查	法律依据	能源技术种类个数	准入门槛	公司数量	开始年份	最新数据年份	边界
加拿大工业能源研究与开发支出调查	受统计法约束	7 个主要技术类别(加上 41 个子类别)	正在执行或正在资助能源研发的公司	2350(接受调查者)	早于 2000 年	2014 年	包括加拿大内部的投资和外部的投资
意大利国家统计局(Istat)的调查	意大利国家统计局年度强制调查	20	—	1000	2007 年	2014 年	遵循国际能源署的定义
美国商业研发调查	《美国法典》第 13 章规定的义务	1	拥有知名研发活动的公司	45000(结果推广到 200 万家公司)	2008 年(达到目前的状态)	2014 年	不包括日常产品的测试和自然资源的勘探

专栏 3.4 通过专利统计衡量企业研发支出

欧盟委员会联合研究中心根据报告的企业研发支出和已公布的专利对不同清洁能源技术(可再生能源技术，智能能源系统，高效能源系统，可持续运输，碳捕获、利用和封存及核能安全)进行了详细的年度分析报告。根据这些数据集的整合，以及关于企业整体业务活动中不同能源技术价值的更详细信息，可以计算每项专利、每项技术在每年的平均研究成本(欧盟，2017)。然后乘以专利数量，可得出 2012 年欧盟在清洁能源研发总投资的估计值为 174 亿美元。

该方法提供了对欧洲可用的最为全面的估计，但是在跟踪方面有一些缺点。例如，专利统计数据发布有时间滞后，这意味着写作时最新年份的完整数据集是 2012 年。构建和维护一个保证质量的、连贯的、一致的数据集是一项劳动密集型工作。此外，该方法假设报告年度研发支出的公司的专利策略与那些不相关的公司的专利策略相同，并且这些策略不会随时间而变化。

公司用于研发的融资来源可能会影响其成本。许多大型公司根据其资产负债表资助研发活动，相较于更依赖银行贷款的小公司，其资本成本相对较低。由于银行贷款往往风险较高，所以不太激进和更具创新性的第三方融资的份额较高，尤其是在宏观经济不确定性的情况下(Nanda and Nicholas，2014)。

在过去十年中，大型公司的企业研究支出中的银行融资额有所增加，在某些情况下，使用融资比留存收益更划算，约有 40%的美国公司注册专利并将其作为贷款抵押品(Mann，2016)。这是公共政策在确保融资成本符合长期目标方面可能发挥作用的领域。

4) 能源创新风险投资(VC)基金

越来越多的创业公司在风险投资基金的资助下开始承担新的清洁能源技术的早期商业开发。2016 年，风险投资对早期清洁能源企业投资约为 20 亿美元，是清洁能源研发上市公司支出水平的四分之一(图 3-8)。然而，清洁能源只占风险投资总额的一小部分。2016 年，占比只有 3%(毕马威，2017)。

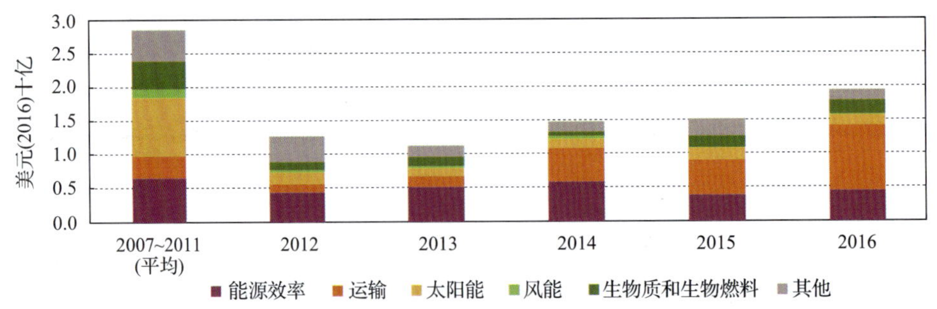

图 3-8　早期风险投资者对清洁能源的投资

报告的数据使用 2016 年美元价格。早期阶段包括种子、A 轮和 B 轮阶段。其他包括储能、燃料电池、地热、水电、海洋、核能、智能电网；

资料来源：清洁技术集团(2017)；

要点：自 2013 年以来，清洁能源的早期风险投资基金每年增长 20%，但技术组合已经变得更加“资本化”

风险投资的目标通常是经过公共或工业研究实验室进行基础研究和测试后，准备携带新的想法进入市场的起步公司。风险投资者通常会跟随“天使投资者”，“天使投资者”具有较高的风险偏好，会为一个新颖的想法在第一轮种子资金中承担大量股权——10 万美元至 100 万美元。天使投资和风险投资者都希望在 5～7 年的时间[⑰]内出售其股份以获得大量利润。与银行融资相比，风险投资监管改善了小企业的治理，只要有少数几个重大成功便可以容忍大部分失败，以此来提高创新的速度。

虽然政府表明了清洁能源创新的重要性，而且在某些情况下特别支持风险投资活动，但两者往往并不能很好地匹配。了解能源项目可行性的时间框架可能太长，技术示范资金要求过高，消费者价值过低。当金融市场火热的时候，这些技术可能会受到关注，当市场更偏向风险规避时，则不然。2012 年，由于投资者发现风险投资模式不适合资本密集型 RD&D，如太阳能和生物能源，故第一波清洁技术行业风险投资公司失败。

风险投资在能源行业自 2013 年以来开始重新振兴，但至今尚未达到 2012 年前的水平。这是由数字技术在价值链各个环节的兴起引发的，特别是面向消费者的环节。诸如云计算、计算机仿真、快速原型和面向对象编程等技术，降低了在早期阶段学习技术可行性的成本。不包括流动服务，清洁运输技术在 2016 年占所有清洁能源风险投资活动的一半以上，反映了推动应用的软件和自动化初创企业的增长。这改变了清洁能源活动的技术组合。

清洁能源风险投资活动兴起的另一个因素是企业风险投资参与度的增加(图 3-9)。通过在公司管理和工资范围之外培育有前途的初创企业，风险投资可以提高企业创新的灵活性和期权价值。企业风险投资资金将进一步增加清洁能源的比重。然而，除非这笔资金被成功地用于基础设施和硬件及软件的革新，否则政府资金和公司实验室在能源转型中的需求不会减弱。

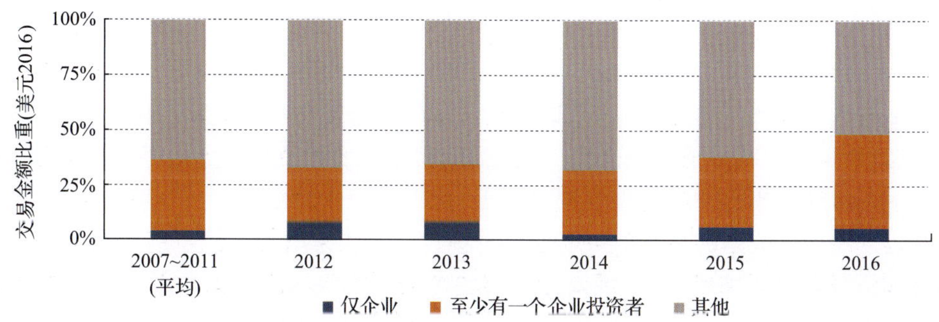

图 3-9　企业参与的早期风险投资交易

备注：早期阶段包括种子，A 系列和 B 系列；

资料来源：清洁技术集团(2017) i3 数据库；

要点：自 2014 年以来，企业参与的早期清洁能源投资由交易总量的三分之一上升至近一半左右，反映了企业研发战略的变化

⑰ 虽然风险投资的初创企业可能是创新的，但 Bernstein(2015) 认为，初创企业在证券交易所成功上市之后，创新支出水平往往趋于会下降。

3.4　建　　议

对目前的能源 RD&D 投资的评估并不直接，进一步的改进是可取和可行的。另外，目前还没有完善的公式来指导政府如何对 RD&D（RD&D）的支出进行预算⑱，就此而言，以下建议可以帮助国家、公司和利益相关者更好地利用清洁能源创新机会。

1）收集更为全面准确的公共和私营部门 RD&D 投资数据

（1）更好地了解 RD&D 公共和私营部门投资的状况及明细，可以使决策者更好地识别投资缺口并提高公共资金的分配效率。这需要对不同技术领域的预算分配有足够详细的数据，也就是说需要细分到特定类型的太阳能电池而不是仅停留在一般的光伏水平上。所有的 RD&D 公共投资均应该被单独记录，包括补贴、税收减免、国有企业支出，以及初创企业的贷款或股权。IEA 对其成员国的 RD&D 支出的调查，为在各种不同技术层面进行数据收集和报告提供了一个稳健的和经过测试的方法，更为重要的是，提供了类似的可比性。

（2）政府应考虑使用调查来收集更为全面准确的私营部门能源 R&D 支出数据。这类数据收集所使用的技术分类，应与那些用于报告公共部门支出数据的技术类别，和捕获传统能源部门公司以外的重要能源效率技术进步所使用的技术类别相一致。加拿大、意大利和美国建立的对私营部门能源 R&D 活动的全国调查提供了很好的实践范例，同时也表现出更大程度协调的机会，特别是通过提升公共部门和私营部门报告的共性。

（3）IEA 有兴趣进一步提高其作为政府（包括当前 IEA 成员国、合作伙伴和其他重要国家）和私营部门能源研发数据中心的能力。

2）制定和追踪优先技术的关键绩效指标

（1）衡量清洁能源的创新进展需要不仅研究资金流，同时还应针对单个技术提出一系列的核心问题⑲。加速能源转型依赖于被资助的创新计划所取得的成果。这就需要有关能源技术绩效和经济特征的最新信息，以通报和调整创新优先级和创新市场支持的策略。

（2）绩效指标应具有国际可比性，并且需获得足够的细节来避免损害竞争优势。在许多情况下，对这些指标的确定需要制定公正的和广泛一致的标准，来定义和测试低碳技术的绩效。绩效和成本的指标值可以通过目标设置实践来进行补充，例如制定用于确定里程碑和责任的技术路线图⑳。绩效指标需要考虑到低收入阶层消费者的成本和绩效需

---

⑱ 事实上，很少有可用于评估研发与示范支出影响的方法；得出结果的时间也难以预测，且项目会在难以量化的其他技术或部门中产生有益的溢出效应（Jaffe，2002）。例如，欧盟委员会提出的“地平线2020研究和创新计划”的目标是经济增长、创造就业计划、研究人员流动，以及支持欧盟的对外政策。

⑲ 以下针对个别技术的问题具有高度相关性：技术前沿的绩效如何提高，以及如何衡量？可商业化的技术的相对成本和收益是什么？这种技术从实验室到市场的进程有多么平稳和迅速？研究重点是否易于根据新信息进行调整？资金来源是否符合该技术的研究、开发、示范和部署（RDD&D）的需求？最合适的技术是否正在开发用于那些在2℃情景的时间框架内最需要该技术的区域？

⑳ 近十年来，国际能源署的技术路线图帮助建立了清洁能源技术开发和部署的全球议程。该计划取得了相当大的成功，并为公共和私营部门提供了公认的指导，其中部分是由于其合作性质、对加速技术创新和部署所需的优先事项和步骤的权威指导，以及强调广泛的利益相关者的参与和共识。每个路线图都包括建议的行动，包括RD&D优先事项和目标，向政策制定者、投资商和企业家显示其正在掌控日益多样性和有区域特性的能源格局，以及他们如何共同采取行动来转变全球能源体系。

求，这些群体已被认为是实现 2DS 路径的重要潜力所在。

(3) 举例来说，欧盟委员会的战略性能源技术信息系统(SETIS)的成立旨在监测创新能源技术和系统解决方案的发展。目前正在建立的一种机制，将用来为优先技术领域分配一套关键绩效指标(KPIs)(EC，2016)。绩效将对照这些关键绩效指标(KPIs)进行年度报告，其中包括当前的和未来的市场渗透率、技术经济表现，以及价格。

3) 提高创新政策的合作与交流水平

(1) 国际上存在着各种类型的创新合作模式，包括政府之间及公私合作制。政府和企业目前合作的项目所涉及的范围从共享技术部署信息(如电动汽车、光伏和热泵)到对共同感兴趣的技术进行联合研究(如 IEA 的技术合作项目、中美清洁能源合作)。

(2) 促进不同阶段创新的连接和简易化的最佳实践并没有得到广泛传播。尚需进行更多的国际知识交流以便确定优先技术，并将研发融资的来源与创新需求相匹配，以及评估研发成果[21]。

(3) 可以利用几个关于清洁能源的政府间合作框架来实现这一目的。“创新使命”(专栏 3.5)和国际能源署技术网络均是相关的例子。

专栏 3.5　“创新使命”行动：一种加快能源转型的创新举措

“创新使命”行动是 2015 年 12 月发起的具有里程碑意义的政府间举措。它将 22 个国家和欧盟委员会集合在一起推动对清洁能源技术的支持，部分是通过在五年内实现清洁能源研发翻番来实现。

为促进全球研究努力以实现减少温室气体排放、增加能源安全和创造清洁经济增长新机遇的创新使命目标，目前已经启动了七项创新挑战(表 3-3)：

(1) 智能电网。

(2) 离网电力供应。

(3) 碳捕获。

(4) 可持续生物燃料。

(5) 转换阳光。

(6) 清洁能源材料。

(7) 可负担的建筑取暖和制冷。

“创新挑战”工作计划于 2017 年上半年正在准备当中。“创新使命”成员之间就这些主题进行合作，与此同时，也正在鼓励全球的研究界、产业界和投资者们更多参与。参与者与私营部门领导人之间密切合作，包括通过与突破能源联盟合作的方式，该联盟是由来自 10 个国家的 28 个投资者组成的合作伙伴，致力于投资由“创新使命”国家政府资助研发的新能源技术。

㉑ 分享关于如何在必要的渐进式改进和激进技术之间分配资源的经验是有价值的，那些激进技术可以大大减少对已知但非常不确定的解决方案的依赖。此外，与先进材料和生物技术等其他领域的基础研究进展相互交叉则依赖于创新政策战略。

组建“创新使命”的国家每年的清洁能源研发总投资约为 150 亿美元。由于“创新使命”是一项自愿性倡议，国家投资估算背后的方法尚未得到正式协调，各国可自行选择将何种技术纳入“清洁”能源。例如，22 个国家中只有 9 个国家将核能计入清洁能源，而 12 个国家将较为清洁的化石能源计为清洁能源。可再生能源和储能是仅有的被所有国家纳入的技术领域。

4) 加强对公共部门和私营部门创新进展的定期追踪

(1) 在清洁能源技术部署越来越广泛的情况下，创新领域技术进步的信息共享却相对滞后。这种失败是由于缺乏可用的数据和对合法保密性的关注。

(2) 对技术创新的进展进行沟通不仅可以激发专家之间的进一步讨论，还可以释放出额外的投资机会。推动进展沟通的一个有效机制是定期强调研究计划产生的突破，并为新技术或技术组合如何在保持动力的前提下传递成本和效益造势。

(3) 依据这一特征而制定的一览表，就如何对那些 TCEP 2017 所确定的关键技术的进展进行汇报，提供了一个全貌概述。

5) 引导清洁能源 RD&D 投资与创新生态系统的其他关键要素相匹配

(1) 有效的 RD&D 投资是一个连贯的创新体系中的一个要素，包括经常会得到政策和更广泛的竞争格局支持的早期阶段的利基市场。有效的优先级确定和投资需考虑在国际、国家、地方政府、企业和企业家层面的短期和长期愿景及所有相关的活动水平。在国际环境中，诸如使命创新等举措可以从与突破能源联盟和清洁能源部长级会议的联系中获益，从而支付从研究到风险投资和部署的价值链成本。

(2) 在更广泛的创新体系中出现失调是有效进行 RD&D 和部署的障碍[22]。各国可以而且应该探讨创新生态系统的不同要素之间是否可以协调工作，是否符合国家优势和机遇。

(3) 政府的总体政策配套方案应支持知识发展、反馈过程、企业家精神、市场形成、教育、工业支持和缓解创新路径各阶段的变革阻力。它应该允许许多小单位的实验，并容忍失败和中断，以实现长期的成功[23]。诸如未来能源市场监管的可见度，以及对长期而不是短期效益进行奖励等因素，对鼓励私营部门在清洁能源领域的创新是非常重要的。

㉒ 例如，对能源效率 RD&D 的投资有时与对化石燃料零售消费者的补贴是一起的，或者在当地规划法禁止安装风力发电机的情况下仍鼓励进行风能 RD&D 投资。

㉓ 政府可以采取投资组合的方式来支持具有高潜力但低确定性的技术，以及那些成功率高但性能稍差的技术。组合投资方法体现出并不是所有的投资和项目都会成功，就像风险投资家预期的成功率在 40%以下，但目标是获得少数高度获利的突破性成果。

表 3-3　跟踪技术 R&D 挑战以实现可持续能源转型

		关键的 RD&D 挑战	在 2DS 情景中的重要性	为什么 RD&D 的挑战至关重要?	未来五年 RD&D 聚焦的关键领域
发电	光伏	降低系统的平衡成本		降低非光伏板相关成本需要减少系统成本(硅基太阳能板的成本当前在系统成本中占比不到 30%)	开发高效率的转化材料以减少系统平衡成本
		降低电厂级别的并网成本		随着光伏发电量的增加，电厂的并网成本会增加	减少成本和增加转换器的功能；开发数字和电子交互器；数字遥控和维护
		提升效率，使其超过 24% PERC		已经跨过了 1 美元/瓦特的光伏模块生产的成本阈值，提高转化效率将是未来光伏成本下降的最大贡献者	开发光伏板的新材料(例如开发除了碳-硅的替代技术)
	风电	提高资源评估和空间规划能力		陆上和海上风电厂规划均需要增强对电厂周围环境的敏感性分析，以保持涡旋机的长期效率和可观的投资回报	改善海上风电建设前规划以适应季节和年度的资源变化；基于监测结果修正和校验模型
		降低电厂级别的并网成本		风电厂需要保障它们对电力系统的价值在 2DS 情景中占据高份额	增强短期预测以促进风电并网的数量。利用大数据分析电厂级别的风速检测
	水电	改善空间规划和环境评估		水电厂在 2DS 情景中可实现两倍增长，但其潜力受地理条件和规划所制约	设计、检测和校验新的方法去实现可持续性目标并减少水力发电对鱼类种群和生态系统的环境影响
		增强水电的灵活性		在 2DS 情景中，水电会逐渐被要求为供给和需求的变化提供灵活性	量化支持电网恢复能力的服务价值
	天然气发电	燃气电厂的灵活运行		现存的燃气装机没有对更高份额的可再生能源并网的灵活性要求进行优化	探索燃气发电改装的技术选择，并评估它们与其他灵活性技术选择相比的经济性
		使用下一代的燃料电池(如氢能)		在可再生能源丰富的时期，由过剩电力产生的燃料电池可能在电力系统中发挥关键作用	增加活动和利用率，或充分避免使用铂金；直接研发以提高耐用性和减少燃料电池机理的退化
		具有成本竞争力的氢气涡轮机		氢能大规模使用的潜力，包括长期氢能存储设备向电网中释放电力	探索提供增强材料性能的技术，该技术可减少空气冷却和泄漏，并提供比传统轮机更高的压力比
	煤电	提高燃烧温度和效率		高效低排是新建燃煤机组的要求	探索改装煤电的技术选择和评估它们与其他灵活性技术选择相比的经济性
		低负荷运行		煤电在频繁炒高价格时会遭受效率损失，这会使得 2DS 中电力混合的情况恶化	
	核电	超过 50～60 年的成本有效的寿命拓展		对核电厂建设数量的需求可以由拓展核电厂的寿命而减少	探索新材料和改装新技术来延长寿命

续表

		关键的 RD&D 挑战	在 2DS 情景中的重要性	为什么 RD&D 的挑战至关重要?	未来五年 RD&D 聚焦的关键领域
发电	核电	■ 小规模反应堆	∿∿	■ 小型模块化反应堆为在新兴国家和利基市场发展小规模核能提供了可能	■ 开发改进的材料和燃料用于先进的 SMR 设计；直接研发制造工艺，与大型反应堆的规模经济竞争
		■ 核热电联产	∿	■ 核能也是一种产热的低碳资源，可以为在能源系统的其他部分实现低碳发挥相关作用	■ 探索建筑物区域供热，海水淡化，工业生产过程和燃料合成的提炼技术和流程
工业	化工和石油化工	■ 石脑油催化裂解	∿∿	■ 与广泛使用的蒸汽裂解过程相比，该技术显示出节能的特点	■ 探索扩大商业部署和提高产量的途径
		■ 使用生物基原料	∿∿∿	■ 以生物质为原料生产轻质烯烃、甲醇和氨，可以避免与化工生产原料相关的二氧化碳排放	■ 推动当前生物基化工生产中的能耗和成本降低的进一步研究
		■ 用于氨和甲醇生产的氢燃料发电	∿∿	■ 通过可再生能源发电工艺来生产氨和甲醇，可以消除所有的直接碳排放	■ 对电解装置进行成本降低和产能提高的进一步研究
	纸浆和造纸	■ 黑液气化	∿∿	■ 黑液气化可以增加制浆过程中生物质基副产品的最终用途的灵活性	■ 扩大发展气化设计，包括低温蒸汽改进工艺和高温气流床反应堆
		■ 木质素提取	∿∿∿	■ 木质素可以作为新工业产品（如新的化工产品和塑料）的潜在原料被分离出来	■ 发展木质素提取工艺以满足技术和经济成熟的市场要求
		■ 低碳替代传统制浆	∿∿∿	■ 采用深度共溶溶剂的替代方法可以显着降低制浆的碳足迹，并可通过把纯木质素作为材料来销售，从而为纸浆生产商带来额外附加值	■ 首先进行可行性研究和试点测试，使该工艺更接近于商业化
		■ 可替代干燥和成型工艺	∿∿	■ 具有较低含水量的可替代干燥和成型工艺可以降低这两个步骤的能耗	■ 需要进行其他的研究和测试才能将这些可替代工艺推向市场
	钢铁	■ 焦炉煤气（COG）改进	∿∿	■ 改进可以将部分碳化合物转化为氢气和一氧化碳。通过与氧气高炉相结合，可大大降低生铁生产中的焦炭消耗量，并能够实现二氧化碳捕集	■ 开展商业规模示范
		■ 高炉炉顶煤气回收	∿∿∿	■ 氧气高炉的炉顶煤气再利用减少了生铁冶炼时的焦炭使用，并且能够更加容易地捕获碳。	■ 开展商业规模示范
		■ 升级熔融还原（SR）和直接还原铁工艺	∿∿	■ 与其标准商业流程相比，升级熔融还原（SR）和直接还原铁工艺分别降低了能量强度和通过有氧运行促进了二氧化碳捕集	■ 对升级的熔融还原工艺开展商业规模示范，对升级的直接还原铁工艺促进长期试验工厂测试

续表

		关键的 RD&D 挑战	在 2DS 情景中的重要性	为什么 RD&D 的挑战至关重要?	未来五年研发需要集中的领域
工业	钢铁	■ 电解炼铁		■ 电解工艺的广泛可持续性优势依赖于使用可再生能源或无碳电力	■ 由于相关概念只在实验规模上得到证实，需要开展试点项目
		■ 电基氢作为还原剂		■ 在炼铁生产中使用基于可再生电力的电解氢将会取代化石基还原剂	■ 为了将该技术融入到炼铁工艺中，需要开展示范项目
	铝	■ 加强惰性阳极的使用		■ 碳阳极在降解时产生二氧化碳；惰性阳极会产生纯氧，极大地减少了二氧化碳排放	■ 探索使用可替代材料来替换碳基阳极
		■ 氧化铝的直接碳热还原		■ 氧化铝的直接碳热还原能够减少 20%的能源消耗，但是铝转化产率会比标准工艺大幅度降低	■ 研究提高铝转化产率的方法，以扩展这一技术
		■ 高岭石还原		■ 高岭石还原能减少 15%的现场能源需求，并且可以使用次等铝土矿	■ 展示商业化的高岭土还原，减少工艺材料需求
	水泥	■ 氧燃烧		■ 在燃烧过程中使用富氧气体能够增加烟道气中的二氧化碳浓度，并使二氧化碳被捕集	■ 分解炉和窑炉的氧气燃烧应该大规模地体现
		■ 可替代熟料和水泥制品		■ 传统熟料和硅酸盐水泥的替代品能够减少与煅烧相关的二氧化碳排放	■ 新产品的进一步测试需要接受规章制度的监管，并发展终端用户的使用体验
		关键的研发挑战	在 2DS 情景中的重要性	为什么 RD&D 的挑战至关重要?	未来五年研发需要集中的领域
交通	电动汽车	■ 降低电池成本，提高电池的能量密度		■ 电池是电动汽车中最昂贵的组成部分，提高其能量密度可以减轻汽车重量和延伸行驶里程，增加电动汽车对消费者的价值主张	■ 开发新型电池化学品，大规模扩大其生产
		■ 增加零排放基础设施		■ 充电基础设施的可用性与电动汽车的吸收相关	■ 通过扩大部署和采用最佳的业务模式来改善基础设施建设，以实现可自主维持的市场环境
		■ 电动汽车在电网中的整合		■ 现有电力基础设施的限额容量是普及电动汽车吸收的第一瓶颈	■ 研究制定标准和规定使得需求端的管理实践广泛使用
	国际航运	■ 提高航运效率并整合风力协助		■ 在航运中广泛采用成本效益高的节能技术的局限性	■ 通过部署改造和改进风力协助来加强节油技术的发展
		■ 实现航运的零排放技术		■ 脱碳长途运输模式将需要零排放技术的应用	■ 发展零排放技术(例如，电气化和氢)于在不同领域应用的技术可行性和期望成本

续表

		关键的研发挑战	在 2DS 情景中的重要性	为什么 RD&D 的挑战至关重要?	未来五年研发需要集中的领域
交通	国际航运	■ 实现航运低碳燃料的应用		■ 脱碳长途运输模式需要使用低碳燃料	■ 将应用低碳燃料的经验转化到航运部门，制定低碳燃料的技术规范
	轻型汽车的燃油经济性	■ 减少车辆自重和轮胎转动阻力并改良空气动力学部件		■ 技术轴配件的能源需求减少并实现大范围的成本减低，同时有利于其他节能技术的部署	■ 部署适当的政策工具向研发人员发出信号，说明哪些活动可以最有效的补充市场部署
		■ 提高内燃机，混合动力效率的技术		■ 内燃机及混合动力的能源有效性是 PLDVs 和货车的动力系统短期减排量的主体部分的源泉	■ 制定明确和明晰的规定(例如，燃油经济标准和差异化的车辆购买税费)，最大限度的推动关于提高现有的成本效益潜力的研究开发
	交通生物燃料	■ 从可持续的废物与残渣中提取生物燃料以提高产量		■ 低碳燃料的发展对于长途运输的低碳化有着重要的意义、使用先进的生物燃料是本行可低碳燃料的关键选择之一	■ 通过扩大生产规模以突破纤维素乙醇的商业化生产的瓶颈，从而为低成本复制工厂铺平道路。不断进行技术研发为氢化植物油以增加废物与残渣原料
		■ 从低碳燃料中提取低碳氢与合成燃料		■ 使用合成低碳燃料也是确保长途运输低碳化的选择之一	■ 促进可再生发电/生物质资源中，氢和合成燃料的可持续性和成本有效性的生产，并提升他们的热力学效应
	航空	■ 发展高效节能技术		■ 技术能够减少飞机的能源需求，在短期内节省大部分的航空能源消耗	■ 开发高效节能技术(如：轻质材料和先进概念引擎)
		■ 实现尖端飞机配置的商业化		■ 长期的能源效率提升需要主流飞机技术的发展，其中包括传统飞机配置的提升	■ 实现尖端飞行配置的商业可能性，如混合翼结构
		■ 优化航空管制技术		■ 优化航空运输管制能够通过减少航空飞行距离显著的节约燃料消耗	■ 实现航空运输管制技术 (ATM)以优化飞行路线减少飞行距离
	卡车/重型车辆	■ 材料替代，降低轮胎转动阻力，改良空气动力学部件，提升动力系统效率		■ 技术在未来几年能大幅减少现在广泛使用的卡车和动力系统的能源需求	■ 部署充足的政策工具和透明的法律法规为研发人员提供在哪些领域优先发展能够在短期能最大提升效率的信号
		■ 实现道路货运的电气道路系统		■ 长途运输低碳化将需要净零排放技术	■ 实现电气道路系统并在传导和感应技术中选取最优的规模化方案
		■ 实现和部署基于氢的零排放实施		■ 长途运输低碳化将需要净零排放技术	■ 确定最优方案以便部署氢气分配基础设施，同时要考虑电力成本，集中生产成本以及氢气分配基础设施的成本

续表

		研发面临的关键挑战	在 2DS 情景中的重要性	为什么 RD&D 的挑战至关重要?	未来五年研发关键领域
建筑	建筑围护结构与设备	■ 以较低成本建设接近零能耗建筑	∧∧∧	■ 接近零能耗建筑在满足长期对建筑物供暖、制冷和照明需求方面发挥巨大作用	■ 推动可实现的接近零能耗建筑和高能效建筑围护结构的使用
		■ 推广部署可行的对现有建筑的深度能源改造	∧∧∧	■ 深度能源改造(例如能源强度提高 30%到 50%甚至更多)将改善现有建筑用能现状	■ 建立相关政策并为推广低成本深度能源改造提供市场激励
		■ 开发先进建筑材料和集成建筑围护结构	∧∧∧	■ 在可承受范围内采用先进的建筑材料和高能效的集成建筑围护结构对实现深度能源改造和建造接近零能耗建筑都至关重要	■ 支持全生命周期成本为负的高绝缘和集成建筑围护结构的开发和示范推广
	照明、电器和设备	■ 改善热分布和控制系统	∧∧∧	■ 通过提高控制来优化供热制冷能源需求具有巨大的节能潜力	■ 部署提高对所有建筑的控制(如智能恒温器);开发动态的、互联的能源管理系统
		■ 更低成本、更高性能和更大可靠性的固态照明	∧∧	■ 尽管白炽灯照明在逐步淘汰，但主要的能源效率提高仍来自于高性能照明解决方案	■ 设置最低照明能耗标准，与制造商合作确保产品可靠性，提高照明效力
		■ 根据需求响应示范/部署高效电器	∧∧	■ 响应式的和节能的技术是解决建筑中快速增长的用电插塞载荷和电器拥有量的关键	■ 部署针对大型电器的高效电器技术，为联网设备设置能耗标准
		■ 提高可用于多种应用和气候的高性能热泵技术的利用	∧∧∧	■ 高性能热泵技术能够大幅降低多种应用的能源需求，包括空间供热、水供热、空间制冷以及大型电器	■ 开发和部署高性能热泵解决方案，包括更好的需求响应(如温度变化响应)，更佳的潜热控制，以及在严酷气候下更优的性能表现
能源整合	可再生能源供热	■ 示范灵活的、综合性的区域能源解决方案，包括低温热的应用	∧∧	■ 高级区域能源系统能够利用一个综合能源网络中的多种能源机会，特别是通过为整个能源系统提供更强的灵活性	■ 推进区域能源网络低温分配，提出有成本效益的、综合的区域能源解决方案(如建筑围护结构措施辅以高性能区域能源)
		■ 降低成本和增加太阳能供热解决方案的应用	∧∧∧	■ 太阳能热利用技术，包括综合性的区域能源解决方案，将对于降低为满足热需求而产生的化石燃料消费发挥重大作用	■ 实现更大的市场规模，降低太阳能热利用装置安装和维护成本
能源整合	碳捕获与封存	■ 降低二氧化碳分离的资本成本，降低能源损失	∧∧∧	■ 无论未来煤炭价格如何，碳的收集和存储都将是重要的。目前的商业捕获技术在提高效率方面的空间有限，这需要新颖的方法	■ 优化工程解决方案，并证明膜，吸附剂，离子液体，燃料电池，酶，化学循环和更大规模的新动力循环的有效性
		■ 降低风险，开发广泛的二氧化碳储存资源，包括替代存储方案	∧∧∧	■ 在所有相关世界地区的各种环境中研究和开发足够的存储容量对于实现经济高效的碳的捕获和存储部署至关重要	■ 优化注入开发计划和盐水含水层注入的操作，并开发和展示替代储存环境中的二氧化碳储存潜力，如玄武岩，超镁铁岩或其他矿化路线

续表

		研发面临的关键挑战	在 2DS 情景中的重要性	为什么 RD&D 的挑战至关重要?	未来五年研发关键领域
能源整合	能源存储	■ 长期存放时间		■ 随着可再生能源渗透率的提高，在风能和太阳能发电量较低情况下系统可以持续更长时间	■ 流动电池是非常有前景的，但长期的性能和可靠性问题仍需技术解决
		■ 降低电池聚合成本		■ 虽然电池成本大大降低，但是将其集成在系统中的成本可能在一些市场上高达总成本的 60%	■ 制定符合当地需求的标准和交互操作性要求，以促进分散式创新。
		■ 先进的电池回收		■ 随着道路上的电动汽车和消费型电子产品的数量越来越多，组件可以回收利用，大量的电池可以重新用于电源应用，以避免供应紧张	■ 扩展与设想的技术和化学部署途径相一致的电池供应链的可再利用性和再循环性研发。

注：本表旨在补充 TCEP2017 报告，概述跟踪技术 RD&D 面临的关键挑战，并无详尽罗列所有技术。

附　　录

附录一　缩略语，首字母缩写词，单位和区域集团

(一)缩略语和缩写

英文简写	英文全称	中文对应名称
2DS	2°C Scenario	2°C 温升情景
ASEAN	Association of Southeast Asian Nations	东南亚国家联盟(简称“东盟”)
BATs	best available technologies	最佳可获取技术
BEV	battery-electric vehicle	电池电动汽车
BICS	Bloomberg Industry Classification System	彭博行业分类系统
BTX	benzene, toluene and xylenes	苯、甲苯和二甲苯
CCS	carbon capture and storage	碳捕获与封存
CEPI	Confederation of European Paper Industries	欧洲纸业联盟
CNRC	Canadian National Research Council	加拿大国家研究委员会(加拿大)
CO_2	carbon dioxide (CO_2)	二氧化碳
CORSIA	Carbon Offsetting and Reduction Scheme for International Aviation	国际航空业碳抵消与减排计划
CSP	concentrated solar power	聚光太阳能发电
DRI	direct-reduced iron	直接还原铁
EAF	electric arc furnace	电弧炉
EEDI	Energy Efficiency Design Index	能源效率设计指数
ETP	*Energy Technology Perspectives*	能源技术展望
EU	European Union	欧盟
EV	electric vehicle	电动汽车
FiT	feed-in tariffs	上网电价
FYP	Five-Year Plan	五年规划
GBP	British pounds	英镑
GCCSI	Global Carbon Capture and Storage Institute	全球碳捕集与封存技术研究所
GDP	gross domestic product	国内生产总值
GFEI	Global Fuel Economy Initiative	全球燃料经济性倡议
GHG	greenhouse gas	温室气体
HDV	heavy-duty vehicle	重型车辆
HFO	heavy fuel oil	重油
HVCs	high-value chemicals	高附加值化工产品
IATA	International Air Transport Association	国际航空运输协会
ICAO	International Civil Aviation Organization	国际民用航空组织
ICE	internal combustion engine	内燃机
IEA	International Energy Agency	国际能源署

续表

英文简写	英文全称	中文对应名称
IMO	International Maritime Organization	国际海事组织
INDCs	Intended Nationally Determined Contributions	国家自主减排贡献
Istat	Italy National Institute for Statistics	意大利国家统计研究所(意大利)
ISI	Institut für System- und Innovation- forschung	系统与创新研究所(德国弗劳恩霍夫协会)
IT	information technology	信息技术
KAPSARC	King Abdullah Petroleum Studies and Research Center	阿卜杜拉国王石油研究中心(沙特阿拉伯)
KPIs	Key Performance Indicators	关键性能指标
LBNL	Lawrence Berkeley National Laboratory	劳伦斯·伯克利国家实验室(美国)
LDV	light-duty vehicles	轻型汽车
LED	light-emitting diode	发光二极管(半导体照明)
LNG	liquefied natural gas	液化天然气
LPG	liquefied petroleum gas	液化石油气
NDCs	Nationally Determined Contributions	国家确定减排贡献
NPPs	nuclear power plants	核电站
NREL	National Renewable Energy Laboratory	可再生能源国家实验室(美国)
OECD	Organisation for Economic Cooperation and Development	经济合作与发展组织(简称“经合组织“)
OEM	original equipment manufacturer	原始设备制造商
OGCI	Oil and Gas Climate Initiative	石油天然气气候行动组织
PHEV	plug-in hybrid electric car	插入式混合动力电动汽车
PPP	purchasing price parity	购买力平价
PLDV	plug-in electric passenger light-duty vehicle	插入式电动客运轻型车
PNNL	Pacific Northwest National Laboratory	西北太平洋国家实验室(美国)
PV	photovoltaics	光伏
R&D	research and development	研发
RD&D	research, development and demonstration	研发与示范
RDD&D	research, development, demonstration and deployment	研究、开发、示范与推广
RED	Renewable Energy Directive	可再生能源指令
RTS	Reference Technology Scenario	参考技术情景
S&L	standards and labelling	标准和标识
SBIR	Small Business Innovation Research	小企业创新研究计划(美国)
SETIS	Strategic Energy Technologies Information System	战略性能源技术信息系统
SEC	specific energy consumption	单位能耗
SIRD	Survey of Industrial R&D	产业研发调查
SMR	small modular reactor	甲烷蒸汽重组
SOx	sulphur oxide	硫氧化物

续表

英文简写	英文全称	中文对应名称
T&D	transmission and distribution	输电和配电
TCEP	*Tracking Clean Energy Progress*	清洁能源发展追踪
TCP	Technology Collaboration Programme	技术合作项目(国际能源署)
TFEC	total final energy consumption	终端能源消费总量
UKIIF	United Kingdom Innovation Investment Fund	英国创新投资基金(英国)
UN	United Nations	联合国
UNCTAD	United Nations Conference on Trade and Development	联合国贸易与发展会议
US	United States	美国
USD	United States dollars	美元
USPTO	US Patent and Trademark Office	美国专利商标局
VC	venture capital	风险投资
WEO	*World Energy Outlook*	世界能源展望
WLTP	Worldwide Harmonised Light Vehicles Test Procedure	全球轻型车辆统一测试程序
WTW	well-to-wheel	“从油井到车轮”的整个生命周期
y-o-y	year-on-year	同比

(二)单位

英文简写	英文全称	中文对应名称
EJ	exajoules	艾焦，等于 10^{18} 瓦
gCO_2/千瓦时	grammes of carbon dioxide per kilowatt hour	克二氧化碳/每千瓦时
GJ	gigajoules	吉焦，等于 10^9 瓦
GJ/t	gigajoules per tonne	吉焦/吨
$GtCO_2$	gigatonnes of carbon dioxide	吉吨二氧化碳
GW	gigawatt	吉瓦，等于 10^9 瓦
GWe	gigawatts electrical	吉瓦电
km	kilometres	千米
L	litres	升
Lge	litres of gasoline equivalent	升汽油当量
m^2	square metres	平方米
Mt	million tonnes	兆吨，等于 10^6 吨
$MtCO_2$	million tonnes of carbon dioxide	兆吨二氧化碳
MW	megawatts	兆瓦，等于 10^6 瓦
MWh	megawatt hours	兆瓦时
tCO_2	tonnes of carbon dioxide	吨二氧化碳
TWh	terawatt hours	太瓦时，太瓦等于 10^{12} 瓦

(三)区域集团

1)非洲

阿尔及利亚、安哥拉、贝宁、博茨瓦纳、喀麦隆、刚果，刚果民主共和国、科特迪瓦、埃及、厄立特里亚、埃塞俄比亚、加蓬、加纳、肯尼亚、利比亚、摩洛哥、莫桑比克、纳米比亚、尼日利亚、塞内加尔、南非、苏丹[①]、坦桑尼亚联合共和国、多哥、突尼斯、赞比亚民主共和国、津巴布韦以及其他非洲国家和地区[②]。

2)东盟(东南亚国家联盟)

文莱、柬埔寨、印度尼西亚、老挝人民民主共和国、马来西亚、缅甸、菲律宾、新加坡、泰国和越南。

3)亚洲

孟加拉、文莱、柬埔寨、中华人民共和国、印度、印度尼西亚、日本、韩国、朝鲜民主主义人民共和国、马来西亚、蒙古、缅甸、尼泊尔、巴基斯坦、菲律宾、新加坡、斯里兰卡、中国台湾、泰国、越南以及其他亚洲国家和地区[③]。

4)中国

中国是指中华人民共和国大陆，包括香港。

5)欧盟

奥地利、比利时、保加利亚、克罗地亚、塞浦路斯[④]、捷克共和国、丹麦、爱沙尼亚、芬兰、法国、德国、希腊、匈牙利、爱尔兰、意大利、拉脱维亚、立陶宛、卢森堡、马耳他、荷兰、波兰、葡萄牙、罗马尼亚、斯洛伐克共和国、斯洛文尼亚、西班牙、瑞典和英国。

6)拉丁美洲

阿根廷、玻利维亚、巴西、哥伦比亚、哥斯达黎加、古巴、多米尼加共和国、厄瓜多尔、萨尔瓦多、瓜地马拉、海地、洪都拉斯、牙买加、荷属安的列斯群岛、尼加拉瓜、巴拿马、巴拉圭、秘鲁、特立尼达、多巴哥、乌拉圭、委内瑞拉以及其他拉丁美洲国家和地区[⑤]。

---

① 由于只有汇总数据可以到2011年，因此苏丹的数据包括南苏丹。

② 布基纳法索，布隆迪，佛得角，中非共和国，乍得，科摩罗伊斯兰，吉布提，赤道几内亚，冈比亚，几内亚，几内亚比绍，莱索托，利比里亚，马达加斯加，马拉维，马里，毛里塔尼亚，毛里求斯，尼日尔，留尼旺，卢旺达，圣多美和普林西比，塞舌尔，塞拉利昂，索马里，斯威士兰，乌干达，西撒哈拉(领土)等国家和地区的数据无法获得，因此，这些区域数据作为整体估算。

③ 阿富汗，不丹，库克群岛，东帝汶，斐济，法属波利尼西亚，基里巴斯，老挝，澳门，马尔代夫，新喀里多尼亚，帕劳，巴布亚新几内亚，萨摩亚，所罗门群岛，汤加，瓦努阿图等国家和地区的数据无法获得，因此，这些区域数据作为整体估算。

④ 1. 土耳其脚注：本文中提到的“塞浦路斯”的信息与该岛南部有关。没有一个单一的政权同时代表岛上的土耳其人和希腊塞浦路斯人。土耳其承认北塞浦路斯土耳其共和国(TRNC)。在联合国找到持久合理的解决方案之前，土耳其应保持其对“塞浦路斯问题”的立场。

2. 欧洲经合组织和欧盟脚注：除土耳其之外，联合国所有成员承认塞浦路斯共和国。本文中的信息涉及塞浦路斯共和国政府有效控制下的区域。

⑤ 安提瓜，巴布达岛，阿鲁巴岛，巴哈马，巴巴多斯，伯利兹，百慕大群岛，英属维京群岛，开曼群岛，多米尼加，福克兰群岛(玛尔维娜)、法国的圭亚那、格林纳达、瓜德罗普、圭亚那、马提尼克、普利茅斯、圣基茨、尼维斯、圣卢西亚岛、圣彼埃尔和密克隆岛、圣文森特和格林纳丁斯，苏里南和特克斯和凯科斯群岛等国家和地区的数据无法获得，因此，这些区域数据作为整体估算。

7) 中东

巴林、伊朗伊斯兰共和国、科威特、黎巴嫩、阿曼、卡塔尔、沙特阿拉伯、阿拉伯叙利亚共和国、阿拉伯联合酋长国和也门。还包括沙特阿拉伯和伊拉克之间的中间地带。

8) 经济合作与发展组织

包括欧洲经合组织、美洲经合组织和亚洲大洋洲经合组织区域集团。

9) 美洲经合组织成员

加拿大，智利、墨西哥和美国。

10) 亚洲大洋洲经合组织成员

包括亚洲经合组织，由日本、韩国、以色列[⑥]组成；大洋洲经合组织，由澳大利亚和新西兰组成。

11) 欧洲经合组织成员

奥地利、比利时、捷克共和国、丹麦、爱沙尼亚、芬兰、法国、德国、希腊、匈牙利、冰岛、爱尔兰、意大利、拉脱维亚、卢森堡、荷兰、挪威、波兰、葡萄牙、斯洛伐克共和国、斯洛文尼亚、西班牙、瑞典、瑞士、土耳其和英国。

12) 亚洲其他发展中经济体

除中国和印度之外的亚洲非经合组织成员国家。

附录二　技术概要说明

除非另有说明，本报告中的数据来自国际能源署(IEA)的统计数据以及能源技术展望分析。TCEP到2014年(包含2014年)的数据是来自IEA官方数据统计。本文将2014年作为基准年用来估算和预测。不同的技术类型或市场，2014年以后的数据来源不同。这些数据可以是产能投资分析或收集的销售数据，或是在某些情况下根据预测和市场趋势估计的数据。

本节中的注释提供与数据和方法相关的其他来源和详细信息。在整个报告中，年度平均值按复合平均增长率计算。

核电(23页)

注释 1：这种效果在其他地方显而易见。但是似乎在美国最严重。面临关闭的风险的伊利诺伊州和纽约州采取行动允许核能接受低碳金融激励以维持现有产能。

注释 2：法国阿海珐公司向法国监管机构提交的一个关于文件和质量控制问题的报告。该报告是关于其克勒索铸造厂使用法国和其他几个国家的设备组进行的核反应堆安全评估。到目前为止，法国和其他国家的监管机构并没有发现任何造成安全风险的问题。但是。这个问题对法国舰队的运作造成了严重干扰。

注释 3：为了弥合使用风能和太阳能带来的差距，需要200吉瓦(GWe)到250吉瓦

⑥ 以色列的统计数据由以色列有关当局负责提供。根据相关国际法律条款，使用由经合组织和/或IEA提供的数据不损害戈兰高地、东耶路撒冷和以色列在西岸的定居点的地位。

的额外的电力。

燃煤发电(28 页)

注释 1：研究估计，中国煤炭发电在 2016 年会再次反弹。

碳捕获与封存(29 页)

注释 1：二氧化碳捕集、压缩后被输送到陆上油田以提高采收率。见注释 7。

注释 2：捕集的二氧化碳通过 82 英里的运输管道运输，然后注入枯竭的油田以提高采收率。

注释 3：2016～2018 年为二氧化碳注入计划执行期，2019～2020 年连续监测两年。

注释 4：美国肯珀(Kemper)项目和澳大利亚高更(Gorgon)二氧化碳注入项目，预计每年能够捕集到 6.5 兆吨二氧化碳。

注释 5：2016，政府完成了关于三个工业排放源及相关运输和储存选择的可行性研究。他们还宣布将蒙斯塔德技术中心(TCM)设备测试延长三年。TCM 是一个由挪威政府、国家石油公司、壳牌和沙索共同组成的合资企业。

注释 6：只有 830 万吨捕集的二氧化碳在适当的监测和检验之下完成存储。这种监测和检验并不总是为了提高采收率。见注释 7。

注释 7：EOR 是一个封闭的循环过程，包括注入二氧化碳到枯竭油田来增加或延长生产。二氧化碳注入水库，从生产的石油中回收并且重新注入。二氧化碳被保留下来，并最终通过注入来提高采收率，但是这个过程需要额外的监测和规划，以保证二氧化碳被有效地存储。

图 2-14 和图 2-15：注释：大型工程项目的定义与全球碳捕集与封存技术研究所(GCCSI)一致，即针对煤基发电厂的排放源，每年捕集、运输和存储的二氧化碳量至少达到 800000 吨；针对其他类高排放型工厂(包括天然气电厂)的排放源，每年捕集、运输和存储的二氧化碳量至少达到 400000 吨。根据全球碳捕获与封存研究院资产生命周期模型，成熟期意味着项目已经达到至少“初级阶段”。

图 2-14 和图 2-15：来源：GCCSI (2015)，CCS 的全球地位 2015。

图 2-16：数据以 2015 年美元价格折算，PPP。

图 2-17：来源：彭博新能源财经 (2015)，基金承诺(私人数据库)。请注意，总项目投资为名义美元，并记录在最终投资决策的点。

工业(32 页)

注释 1：包括过程排放和与原料相关的排放。

注释 2：除非另有说明，所有数据均来自国际能源署(2017 年)。

注释 3：工业包括国际标准产业分类(ISIC)标准中的第 7、8、10-18、20-32、41-43 类和第 099 组，涵盖采矿业和采石业(不包括采矿和挖掘)、建筑业和制造业。还包括石油化工原料的能源使用、高炉和炼焦炉的能源使用。

注释 4：世界钢铁(2016 年)。

注释 5：根据从水泥可持续发展倡议行动组织(CSI)获得的数据库权进行了计算，同时结合了国家协会对覆盖率较低的区域的估计。资料来源：CSI(2017 年)。

注释 6：IAI(2017 年)，世界铝业统计数据，资料网址：伦敦国际铝业协会 www. world-aluminium.org/statistics/。

注释 7：IAI(2016 年)，全球质量流模型，资料网址：伦敦国际铝业协会 www. world-aluminium.org/publications/。

这里表示的是基于新旧废料的生产比重。为保证和已公布的统计数据的一致性，内部废料已被排除在外。

图 2-18：包括石油化工原料的能源使用、高炉和炼焦炉的能源使用。

图 2-19：包括石油化工原料的能源使用、高炉和炼焦炉的能源使用、过程排放和与原料相关的排放。

图 2-20：包括石油化工原料的能源使用、高炉和炼焦炉的能源使用。“热能”指从热网购买的商业热能，燃料包括现场生成的热能。“电力”包括所有的电力消耗以及现场生产的电力。回收锅炉中黑液所生成的热能和电力也包含在了“热能”和“电力”中。

图 2-21：这里认为纸浆和造纸部门石灰窑的过程二氧化碳排放是碳中和的，因为该部门的石灰原料是生物质源，所以它们没有出现在图中。工业部门存在其他的过程二氧化碳排放源，这里仅包括五个能源密集型部门的过程二氧化碳。

文本框 1：化工和石油化工、钢铁、有色金属、非金属矿物以及纸浆、造纸和印刷。包括高炉和炼焦炉的能源使用和作为石化原料时的能源使用。

文本框 2：依据国际能源署对能源密集型工业部门的模型估算。

化工和石油化工(37 页)

注释 1：“初级化工产品”包括：乙烯、丙烯、苯、甲苯、二甲苯、氨和甲醇。这些化工产品构成了该部门的模型基础。

注释 2：高附加值化学品包括：低碳烯烃(乙烯和丙烯)和混合芳族(苯、甲苯和二甲苯)。

注释 3：原料的重量取决于构成其烃链的长度。轻质原料包括天然气、乙烷和液化石油气。重质原料包括石脑油和燃料油。

注释 4：单位能耗：每吨初级化工产品的过程能源消耗，单位 GJ/t。

注释 5：国际能源署的估算依据于区域模型的结果。高附加值化学品单位能耗值的确定包括甲醇制烯烃工艺。对于一种给定的化学品，单位能耗值的范围很大，主要归因于不同地区使用的原料范围很广。相比于用轻质原料生产同一种化学品，重质原料在供给过程中，每生产一单位产品，会造成一定的过程能量损耗。

注释 6：终端能源消费包括过程能源和作为原料使用的燃料。排放量是在燃料燃烧和化学计量的计算基础上，通过比较原料和产品的碳含量得出。其他部门将氧化化学基产品(如废物再生能源设施中使用的塑料)的排放量计算在内。

图 2-25：高附加值化学品的“其他”原料比重包括用于蒸汽裂解的柴油、乙醇脱水和甲醇制烯烃。“石脑油”包括用于蒸汽裂解和催化裂解的原料。对于甲醇，焦炉煤气构成了“其他”类别。

图 2-26：高附加值化学品的生产量仅包括那些在化工和石油化工部门生产的产品。

高附加值化学品的丙烯和混合芳烃组分，在炼油部门占据着重要的比重。所示的能量强度不包括这些量。

纸浆和造纸（39 页）

注释 1：国际能源署的分析主要集中在纸浆和纸张制造，这方面占据了纸浆、造纸和印刷部门能源使用的绝大部分。

注释 2：木浆在总纤维配比的比重中不包括填料。

注释 3：纸浆和纸张的数量指的是风干吨，含水量为 10%。牛皮纸制浆（或硫酸盐制浆）是将木材转化成纸浆，用氢氧化钠和硫化钠溶液破坏木质素、半纤维素和纤维素之间的连接键。

注释 4：黑液是牛皮纸制浆的副产品。它是制浆过程中使用的硫酸盐化学物与木材中提取的木质素和半纤维素残留物的水溶液。

图 2-29：联合国粮食与农业组织（2016 年）。单位能耗的范围表示国家平均能源强度的规模。这些数据是基于国际能源署的分析，而不是来自报告数据。单位能耗包括造纸机和碎浆机的能量，不包括化学品回收、纸浆干燥、木材加工以及其他的能源使用。

交通（42 页）

注释 1：高收入国家，共占 NDCs 提出减排缓解措施的国家总数的 20%，近 50%的减排策略是针对于燃料经济性的提升和燃料去碳化的。低收入和中等收入国家通常基于车辆车龄和燃油效率选择采取何种进口限制。

注释 2：HDVs 的进展是鼓舞人心的，欧洲、印度和韩国均有迹象表明将努力起草立法，以解决其能源效率问题。然而，只有加拿大、中国、日本和美国到目前为止已经实行了 HDVs 燃油经济性标准。

注释 3：补偿机制包括碳排放交易系统的碳信用额和碳配额。

注释 4：“国际航运”部分讨论了本决定对混合海洋燃料的意义及可替代低碳燃料的前景。

注释 5：非经合组织国家持续增大的二氧化碳排放量与增加的运输活动相一致，主要是由收入增长和人口增长造成的。

注释 6：这里的二氧化碳排放量是基于“从油箱到车轮”基准，在包括生物燃料的燃烧排放（其中生物燃料的温室气体排放强度可能抵消燃烧排放）的框架下进行评估的。

注释 7：车辆效率（或燃油经济性）规定应首先针对能源密集型客运和货运（即乘用车和重型车）。

注释 8：国际航运中二氧化碳减排的巨大潜力需要该部门有相当大的效率提升空间，以及配套风力协助等可再生能源解决方案。

电动汽车（44 页）

注释 1：“电动汽车市场份额”一词是指电动汽车销售额占 PLDVs 总销售额的比例。

注释 2：在本节中，电动车是指插入式电动客运轻型车（PLDVs），包括所有的 BEVs 和 PHEVs，“电动车”通常是指 EVs。

国际航运(46 页)

注释 1：以不变购买力调整后的美元表示。

注释 2：国际航运能源去求从 2000 年的 6.5EJ 增至 2014 年的 8.2EJ。

注释 3：全球船舶大型化趋势在 2010 年和 2015 年之间显现，以集装箱船最为显著。在此期间集装箱船舶尺寸以年均 18.2%的增速增长，而在 2001～2009 年间年均增速仅为 1.9%(UNCTAD，2016)，仅有少数船舶能够满足全球的货运需求。

注释 4：它规定了新船在设计时必须达到最低的每吨千米能源效率提高值，2015 年提高 10%，2020 年提高 20%，2025 年提高 30%。基准值以 1999 年和 2009 年之间建造的船舶平均效率为准。

注释 5：2014 年，重油在船舶燃料油的比例中占到 84%。重油平均硫化物含量为 2.5%。

注释 6：燃油效率以兆焦每船公里为测量单位,而不是以吨公里，这就排除了了船舶大型化的影响。每 1%的燃油效率提升都排除了平均船舶尺寸和货运能力的预期增幅。这个计算方法背后的假设是，每个船舶都要遵守标准规定：燃油效率 2015 年到 2020 年间提高 10%，在 2020 年到 2025 年间提高 20%，在 2025 年和 2030 年间提高 30%。

注释 7：大部分的能耗降低是在 2010 年之后产生，最有可能归因于一个意想不到原因即金融危机爆发后的产能过剩问题，这也迫使许多老旧的和低效率的船舶提前报废。

注释 8：存在其他可能，即 low-SO_x 技术也可能有助于温室气体减排，包括先进的生物燃料，低碳合成燃料，以及在较小程度液化天然气。

注释 9：其他低碳元，如低碳合成燃料或氢气，也可作为解决方案的补充。

注释 10：为达到 2DS 目标，本行业的排放必须在 2025 年保持在 800 $MtCO_2$ 以下。

注释 11：国际海事组织是负责规范国际航运事务的联合国(联合国)机构。

注释 12：例如，改用液化天然气和加装过滤器洗涤器有助于减少当地的空气污染，但这些措施不足以使本行业的碳排放路径与 2DS 保持一致。另一方面，能源效率、风力辅助、先进生物燃料、低碳合成燃料和氢能有助于满足污染物减排要求，并实现显著的温室气体减排。

轻型汽车的燃油经济性(48 页)

注释 1：这里的测试值是基于 ICCT (2014)开发的转换因子，依据全球统一的测试周期的标准化区域试验程序而来。

注释 2：燃油经济性的实际值与试验值之间的差距日益扩大，主要是与所依据的欧洲测试周期有关，这也被用于联合国框架中，但现在正转向使用全球统一测试周期，希望能够解决这一差距。

注释 3：这主要是基于这些市场销售的轻型汽车更大的重量，碳足迹和额定功率，并且在燃料价格上与其他 OECD 国家相比具有竞争力。

注释 4：这与非 OECD 市场(如中国与巴西)近年实施的收紧的燃料经济性政策与中国逐渐提升的轻型汽车市场占比(GFEI，2017)高度相关。全球燃料经济性增长率的放缓与 2014 年下半年和 2015 年的燃油价格的走低高度吻合。

交通生物燃料(51 页)

注释 1：可持续生产的生物燃料成为了石油衍生燃料的低碳强度替代品。传统的生物燃料包括糖和淀粉基乙醇和油料作物生物柴油。先进的生物燃料是通过非粮食作物生产的可持续燃料。这类燃料相比于化石燃料，可以显著的减少生命周期的温室气体排放量，并且不与农业土地的粮食和饲料作物争抢农业用地或造成不良的可持续发展的影响。

目前全球对于先进的生物燃料的定义没有统一的标准。对于先进生物燃料目前有多种理解方式，也有称之为第二代生物燃料。称为“先进的”生物燃料并不意味着相比于传统生物燃料具有更好的可持续性，因为生物燃料的可持续性必须根据生产方式的特性进行评判。然而，当废物和残留物原料被使用时，可以避免计算土地使用的相关温室气体排放量。

2016 年，美国和巴西的传统生物燃料产量占全球的 70%以上。从美国可再生燃料标准看，2017 年总可再生燃料量表明玉米乙醇的 150 亿加仑的限制将达到。可再生燃料适用的车辆和燃料分配基础设施的可用性成为了市场结构性挑战。灵活燃料汽车发动机改装使之适合使用乙醇较高的混合燃料(例如 E85)，或是巴西常见的，纯粹的乙醇(E100)。巴西对于巴黎协议概述了可持续生物燃料在能源结构中的比重在 2030 年将增加至约 18%。由于全球原油价格的低迷，包括阿根廷、巴西、印度尼西亚、西班牙和泰国在内的市场，生物燃料政策和支持政策得到加强。

虽然航空业的碳排放并未纳入巴黎协议，国际航空运输协会(IATA)设定了一套自己的远大目标，以减少航空运输对气候的影响。其中包括从 2020 年后实现碳中和增长和到 2050 年减少 50%的净航空二氧化碳排放(2005 年为基准)。

芬兰的到 2030 年以生物燃料贡献交通行业 30%的能源需求和瑞典在 2030 年前实现全部车辆不再需要化石燃料都是交通部门的远大目标的案例。减少交通燃料的生命周期碳强度的政策例子包括在加利福尼亚的低碳燃料标准和德国的气候保护配额。一些欧盟成员国最近建立了先进的生物燃料的任务，包括丹麦(从 2020 年开始)和法国(从 2018 年开始)。这些补充政策已经在意大利(从 2018 年开始)和美国建立。

Biofuture 论坛致力于推动国际政策对话与合作，从而发展可持续的低碳燃料替代传统化石燃料在交通领域的使用。“可持续发展的世界商业理事会”与“可持续能源与可持续生物燃料圆桌会议”共同提出 Below50 合作倡议，来促进生物燃料行业发展至少比传统化石燃料碳强度低 50%的可持续燃料。可持续性指标包括全球生物能源合作组织开发的指标；强的治理框架包括欧盟关于生物燃料的可持续发展标准。

注释 2： 2015～2016 年同比增长率，由 IEA 提供(2017b)。

建筑物(53 页)

注释 1：在全球建筑联盟官网(www.globalabc.org)和 2016 年全球建筑现状报告中可以获得更多信息。

图 2-45：来源 IEA 2016 世界能源统计与平衡(数据库)www.iea.org/statistics。注 CO_2=二氧化碳；TJ=太焦耳(1012 焦耳)；EJ=艾焦耳(1018 焦耳)；建筑碳排放强度代表来自电力和商业热力终端能源消费的直接和间接能源消耗；其他包括现代生物质能和太阳能热能的可再生能源；本地图不伤害任何领土主权和国际边境、领土名称、城市和地区的界定。

图 2-46：人口数据来源联合国《2015 世界人口展望，中期人口生产变化》报告，能

源分解计算来自IEA2016年世界能源统计与平衡(数据库)www.iea.org/statistics。注:EJ=艾焦耳(1018焦耳)。能源分解指的是每种因素(如人口)对自1990年以来终端能源需求变动的影响;家庭居住人口反映了美国家庭平均人口数;其他代表了能源需求因素,包括商业燃料(在发展中国)可获得性,气候变化(比如平均供暖和制冷度日)和能源服务供应的变化(比如每平方米通光量需求的增加);能源效率既包括产品性能(如技术效率)的提高也包括从低效率设备转向更高效的技术(比如燃气锅炉热泵)。终端能源的变化指的是相对于1990年终端能源消费的变动。

图2-47:历史能源数据来源于IEA2016年世界能源统计与平衡(数据库)www. iea. org/ statistics。注:MWh=兆瓦时;其他包括现代生物质能和太阳能热能的可再生能源;人均建筑用能标识人均最终能源使用(未考虑气候因素修正)。

建筑围护结构(55页)

注释1:建筑围护结构平均性能指的是建筑围护结构(建筑物内、外部作为主要热隔离的部分)在取暖或制冷所消耗能源的物理性能。

注释2:在全球建筑联盟官网(www.globalabc.org)和2016年全球建筑现状报告中可以获得更多信息。

图2-48:注:建筑围护结构平均性能指的是建筑维护机构(建筑物内、外部作为主要热隔离的部分)在取暖或制冷所消耗能源的物理性能;平均建筑围护结构性能的变动通过与1990年水平相比较,该年的全球平均建筑围护结构性能(考虑气候因素修正的每平方米的有效能源使用量)达到每平方米155千瓦时。来源:历史能源数据来源于IEA世界能源统计与平衡数据库,www.iea.org/statistics。

图2-49:注:一大进步是从2005年到2015年以建筑物终端使用和围护结构部件(用建筑物能耗、建筑围护结构面积和热阻)衡量的建筑围护结构热阻需求百分比有了一定的提高;这种进步标志着我们朝着接近零排放建筑围护结构的目标又近了一步;政策取得成效只考虑了美国、加拿大和中国的寒冷气候带。来源:IEA建筑准则分析2015和IEA建筑能源效率政策数据库, www.iea.org/beep/。

照明、电器和设备(57页)

注释1:建筑设备包括用于供热、制冷和通风,烹饪和热水的耗能设备,以及建筑中其他用电插塞载荷和设备(如办公设备,医疗装置,信息技术网络和电动机)。它不包括生物质能的传统利用。

注释2:家庭规模缩小表示每户家庭平均人数的下降(因此导致更多的家庭数)。

图2-50:注释:EJ=1018焦耳;能源分解表示每个因素(如人口)对1990年以来总的最终能源需求变化的影响;家庭居住反映递减的户均人口数;其他表示其他能源需求因素,包括更好地获得电力(在发展中国家),电器拥有量的增加,以及技术选择的变化(比如更大的电冰箱和电视);能源效率标识产品性能(即技术效率)的提高,包括向更高效技术(如采用发光二极管的电视)的转变;最终能源变化指最终能源消费相对于1990年水平的年度变化。

图2-51:注:性能系数(Co-efficient of performance ,COP)表示能源效率比(制冷时

与每瓦电力消费等效的瓦特数）：COP 越高，能效越大。空间制冷需求年均增长表示在 2DS 下 2015-2025 年间的有用制冷能源需求预期变化。

图 2-52：注释：LED 表示发光二极管(light-emitting diode)；LFL 表示线性荧光灯(linear fluorescent lamp)；CFL 表示紧凑型荧光灯(compact fluorescent lamp)。来源：IEA 基于与专业照明合作伙伴的持续数据讨论估算得到，包括联合国环境启明(En. lighten)项目、飞利浦(Philips)和欧司朗(Osram)照明。

可再生能源供热(59 页)

注释 1：这些可再生能源供热的数据是基于 IEA 统计数据中的最终能源消费总量(TFEC)下的可再生能源数据。直接利用不包括用于商业供热(也就是热力直接售卖和传送给终端用户)的可再生能源和用于供热的可再生电力。2014 年，用于集中供热的可再生能源大约有 1EJ。欧盟的数据与给可再生能源部门(RED)的进展报告中的比例数据不一致，这是因为本报告用了不同的方法(比如，包括了热泵)。

注释 2：此追踪不包括生物质能的传统利用。生物质能的传统利用仍旧在撒哈拉以南非洲地区和亚洲部分地区起着重要作用，特别是用于农村的炊事。本分析聚焦于“现代”生物质能在居住和商业建筑中的空间和水供热方面的应用，以及所有生物质能在工业和农业中的加工过程热应用。根据冬季天气的变化，用于供热的生物质能会产生显著差异。例如，西欧很多地区 2014 年的冬季平均温度比 2013 年的高，因此导致住宅生物质能使用减少了 11%。

注释 3：全球总的太阳能集热器装机容量数据是基于多个来源的数据估算得到，包括 IEA 太阳能供热制冷项目(Solar Heating and Cooling Programme)发布的《世界太阳能热利用》(Solar Heat Worldwide)，www.iea-shc.org/solar-heat-worldwide。

图 2-53：“其他可再生能源供热”包括所有部门的地热能供热，工业部门的太阳能供热，以及农业部门的全部可再生能源供热。

图 2-54：来源：欧洲生物质能协会(2016),《欧洲生物质能协会 2016 年度统计报告》(AEBIOM Statistical Report 2016)，欧洲生物质能协会，布鲁塞尔。

储能(61 页)

注释 1：综合能源公司 Total 公司同意以 9.5 亿欧元(11 亿美元)收购法国电池制造商和存储项目开发商 Saft Groupe，同时 Engie 收购了 Green Charge Networks 的 80%股权。大型设备供应商也投入资金，包括在德国存储供应商 Sonnen 幕后的 GE Ventures 投资 5000 万美元。随着大型多元化储能企业，如 LG 化工，三星 SDI，NGK 绝缘子等在内占据整个装机容量的 70%左右，制造业的趋势也愈演愈烈。

参 考 文 献

4E TCP (Technology Collaboration Programme on Energy Efficient End-Use Equipment) (2015a), *Achievements of Appliance Energy Efficiency Standards and Labelling Programmes*, www. iea-4e. org/document/363/achievements-of-appliance- energy-efficiency-standardsand-labelling-programs-a-global-assessmentm.

4E TCP (2015b), "Mapping & benchmarking of the impact of 'phase-out' on the lighting market (updated), www. iea-4e. org/document/351/policy-brief-mapping-benchmarking-of-the-impact-ofphase-out-on-the-lighting-market-updated.

AEBIOM (The European Biomass Association) (2016), *AEBIOM Statistical Report 2016*, AEBIOM, Brussels.

Airbus (2014), *Flying on Demand: Airbus Global Market Forecast2014-2033*, Airbus, Toulouse.

Airparif (2012), *Inventaire régional des émissions en Ile-de-France*, Airparif, Paris, www. airparif. asso. fr/_pdf/publications/inventaire-emissions-idf-2012-150121. pdf.

Anadon Diaz L. et al. (2011), *Transforming US Energy Innovation*, report for Energy Technology Innovation Policy Research Group, Belfer Center for Science and International Affairs, Harvard Kennedy School, Cambridge, Massachusetts, https: //dash. harvard. edu/bitstream/handle/1/10594301/Bunn-TransformingUSEnergy. pdf?sequence%3D1.

Bernstein, S. (2015), "Does going public affect innovation?", *The Journal of Finance*, Volume 70, Issue 4. http: // onlinelibrary. wiley. com/doi/10. 1111/jofi. 12275/abstract.

Bloomberg LP (2016), *Bloomberg Terminal*, https: //www. bloomberg. com/professional/solution/bloomberg-terminal/(accessed 21 April 2017).

BNEF (Bloomberg New Energy Finance) (2016a), *Q1 Digital Market Outlook*, BNEF, London.

BNEF (2016b), *Funds Committed* (database), BNEF, London, www. bnef. com/ FundsCommitted/search (accessed 09 February 2017).

Boeing (2015), "Backgrounder: Boeing and sustainable aviation biofuel developmen", Boeing, Chicago, www. boeing. com/ resources/ boeingdotcom/principles/environment/pdf/Backgrounder_Boeing_biofuel. pdf.

Boeing (2014), *Boeing Current Market Outlook, 2014-2033*, Boeing, Chicago, www. boeing. com/ assets/ pdf/ commercial/ cmo/ pdf/ Boeing_Current_Market_Outlook_2014. pdf.

CEA (Central Electricity Authority [India]) (2015), *Monthly Installed Capacity Report – December 2015*, CEA, www. cea. nic. in/ reports/ monthly/installedcapacity/2015/installed_capacity-12. pdf.

Chiavari, J. and C. Tam, (2011), *Good practice policy framework for energy technology research, development and demonstration (RD&D),* International Energy Agency, Paris, www. iea. org/publications/freepublications/publication/good_practice_policy. pdf.

China Statistics Press (2016), *Statistics Yearbook on Science and Technology Activities of Industrial Enterprises 2012-2015*, China Statistics Press, Beijing.

Cleantech Group (2017), i3 database, extracted 24 March.

EC (European Commission) (2017), *Second Report on the State of the Energy Union: Monitoring Progress towards the Energy Union Objectives – Key Indicators*, Brussels, https: //ec. europa. eu/commission/sites/ beta-political/files/swd- energy-union-key-indicators_en. pdf.

EC (2016), *The 2016 EU Industrial R&D Investment Scoreboard*(database), http: //iri. jrc. ec. europa. eu/scoreboard16. html(accessed 18 April 2017).

ESTIF (Energy Solar Thermal Industry Federation) (2015), *Solar Thermal Markets in Europe*, ESTIF, Brussels. GTM (Greentech Media) (2016), *US Energy Storage Monitor*, GTM Research, Massachusetts.

Euroheat & Power (2015), *District Heating and Cooling Country by Country 2015 Survey*, Euroheat & Power, Brussels.

EVI (Electric Vehicles Initiative) (2017), *Global EV Outlook 2017*, OECD/IEA, Paris, www. iea. org/publications/freepublications/publication/Global_EV_Outlook_2017. pdf

FAO (Food and Agriculture Organization of the United Nations) (2016), *FAOSTAT Forestry Trade Statistics Database*, www. fao. org/faostat/en/#home, (accessed 18 February 2017).

GFEI (Global Fuel Economy Initiative) (2017), "International comparison of light-duty vehicle fuel economy: Ten years of fuel economy benchmarking, " *Working Paper 15*, OECD/IEA, Paris, www. globalfueleconomy. org/media/ 418761/wp15-ldv-comparison. pdf.

GCCSI (Global CCS Institute) (2015), *The Global Status of CCS 2015*, GCCSI, Melbourne.

Hanley, S. (2015), *China's BYD is World's Largest EV Manufacturer*, Gas2. org, 28 December, http: //gas2. org/2015/12/28/ byd-is-worlds- largest-ev-manufacturer/.

IAEA (International Atomic Energy Agency) (2015), *PRIS (Power Reactor Information System)*(database), IAEA, Vienna, www. iaea. org/pris/ (accessed 13 January 2016).

IAI (International Aluminium Institute) (2017), *Current IAI Statistics*, www. worldaluminium. org/statistics/ (accessed 21 April 2017).

IAI (2016), *Global Mass Flow Model － 2014* (2015 draft), www. world-aluminium. org/publications/.

IAI (2009), *Global Aluminium Recycling: A Cornerstone of Sustainable Development*, www. worldaluminium. org/ media/ filer_public/ 2013/01/15/fl0000181. pdf.

ICAO, (International Civil Aviation Organization) (2016), 'Historic agreement reached to mitigate international aviation emissions.' ww. icao. int/Newsroom/Pages/Historic-agreement-reached-to-mitigate-international-aviation-emissions. aspx.

ICAO (2013), "Appendix 1", *Annual Report of the ICAO Council: 2013*, ICAO, Quebec.

ICCT (International Council on Clean Transportation Europe) (2016), "From laboratory to road: A 2016 update of official and 'real-world' fuel consumption and CO_2 values for passenger cars in Europe", *White Paper*, www. theicct. org/sites/ default/ files/publications/ICCT_LaboratoryToRoad_2016. pdf.

IEA (International Energy Agency) (2017a), "Extended world energy balances", *IEA World Energy Statistics and Balances* (database), http: //dx. doi. org/10. 1787/data-00513-en(accessed 14 April 2017).

IEA (2017b), *Oil 2017*, OECD/IEA, Paris, http: //dx. doi. org/10. 1787/9789264272514-en.

IEA (2016a), *World Energy Outlook 2016*, OECD/IEA, Paris, http: //dx. doi. org/10. 1787/weo-2016-en.

IEA (2016b), *CO_2 Emissions from Fuel Combustion 2016*, OECD/IEA, Paris, http: //dx. doi. org/10. 1787/co2_fuel-2016-en.

IEA (2016c), "Key trends in IEA energy technology RD&D budgets 2016", OECD/IEA Paris, www. iea. org/media/statistics/topics/IEA_RDD_Factsheet_2016. pdf.

IEA (2016d), *Global Energy Investment Report*, OECD/IEA, Paris.

IEA (2016e), *Energy Technology Perspectives 2016*, OECD/IEA, Paris, www. oecd-ilibrary. org/energy/ energy-technology-perspectives_20792603.

IEA (2015), *Energy Technology Perspectives 2015*, OECD/IEA, Paris, http: //dx. doi. org/10. 1787/energy_tech-2015-en.

IMO (International Maritime Organization) (2016), "IMO sets 2020 date for ships to comply with low sulphur fuel oil requirement", www. imo. org/en/MediaCentre/PressBriefings/Pages/MEPC-70-2020sulphur. aspx.

IMO (2014), *Third IMO Greenhouse Gas Study 2014: Executive Summary and Final Report*, London, www. imo. org/en/ OurWork/ Environment/PollutionPrevention/AirPollution/Documents/Third%20Greenhouse%20Gas%20Study/GHG3%20Executive%20 Summary%20and%20Report. pdf.

ITF (International Transport Forum) (2017), *ITF Transport Outlook 2017*, OECD Publishing, Paris, http: //dx. doi. org/ 10. 1787/9789282108000-en.

Jaffe, A. B. (2002), "Building program evaluation into the design of public research support programs", Brandeis University and National Bureau of Economic Research, Oxf Rev Econ Policy (2002) 18 (1): 22-34. Oxford University Press, Oxfordhttps: // doi. org/10. 1093/oxrep/18. 1. 22.

Kempener, R. et al. (2010), "Governmental energy innovation investments, policies, and institutions in the major emerging economies: Brazil, Russia, India, Mexico, China, and South Africa", *Energy Technology Innovation Policy Discussion Paper 16*, www. belfercenter. org/sites/default/files/legacy/files/ETIP_DP_2010-16-V3. pdf.

KPMG (2012), *Venture Pulse Q4: Global Analysis of Venture Funding,* https: //assets. kpmg. com/content/dam/kpmg/xx/pdf/2017/ 01/ venture-pulse-q4-2016-report. pdf(accessed 21 April 2017).

Lazonick, W. (2015), "Stock buybacks: From retain-and-reinvest to downsize-and-distribute", Center for Effective Public Management at Brookings, www. brookings. edu/wp-content/uploads/2016/06/lazonick. pdf.

Mann, W. (2016), "Creditor rights and innovation: Evidence from patent collateral", http: //dx. doi. org/10. 2139/ssrn. 2356015.

Mazzucato, M. (2011), "The entrepreneurial state", *Soundings*, Vol. 49/49, pp. 131-142, https: //marianamazzucato. com/ entrepreneurial-state/.

Nanda, R. and T. Nicholas (2014), "Did bank distress stifle innovation during the Great Depression?", *Journal of Financial Economics*, Vol. 114/2, pp. 273-292, www. people. hbs. edu/tnicholas/bank_distress. pdf.

NSF (National Science Foundation) (2017), *Business R&D and Innovation Surveys 2008-2014*, Arlington, Virginia, https: //www. nsf. gov/statistics/industry/#tabs-2 (accessed 02 February 2017).

PPMC (Paris Process on Mobility and Climate) (2016), "Transport and climate change: Synthesis of analytical products by the Paris Process on Mobility and Climate (PPMC)", report for the 22nd Conference of the Parties, Marrakech, November, www. ppmc-transport. org/wp-content/uploads/2016/11/E2_Synthesis-Report. pdf (accessed 21 April 2017).

SENER (Secretaria de Energia Mexico) (2017), "Antecedentes" http: //sustentabilidad. energia. gob. mx/portal/ DefaultS. aspx?id=2444(accessed 2 May 2017).

BIS (Department for Business Innovation and Skills) (2012), "Early assessment of the UK innovation investment fund", Report by: Centre for Enterprise and Economic Development Research (CEEDR), Middlesex University Business School, www. gov. uk/government/uploads/system/uploads/attachment_data/file/32236/12-815-early-assessment-uk-innovation-investment-fund. pdf.

Smith et al. , (2016), "CO_2 emissions from international shipping: Possible reduction targets and their associated pathways", Prepared by UMAS, London, www. shipowners. dk/en/focus-areas/klimapolitik/(accessed 21 April 2017).

Statcan (Statistics Canada) (2017), *Industrial Energy Research and Development Expenditures by Area of Technology, by Industry Group Based on the North American Industry Classification System (NAICS) and Country of Control,* www5. statcan. gc. ca/cansim/a26?lang=eng&retrLang=eng&id=3580524&pattern=&csid(accessed 21 April 2017).

Tan, X. and D. Seligsohn (2010), "Scaling up low-carbon technology deployment: Lessons from China", World Resources Institute, Washington, DC, http: //pdf. wri. org/scaling_up_low_carbon_technology_deployment. pdf.

The Economist (2016), "Profits overboard: The shipping business is in crisis. The industry leader is not exempt", *The Economist*, 10 September, The Economist Group Limited, London, www. economist. com/news/business/ 21706556-shipping- business-crisis-industry-leader-not-exempt-profits-overboard?fsrc=scn/fb/te/pe/ed/profitsoverboard.

UNECE (United Nations Economic Commission for Europe) (2014), website, www. unece. org/mission. html(accessed 18 April 2017).

UNEP (United Nations Environment Programme) (2017), *Pledge Pipeline*, http: //web. unep. org/climatechange/resources/ pledge-pipeline (accessed 18 April 2017).

UNCTAD (United Nations Conference on Trade and Development) (2016), *Review of Maritime Transport*, United Nations, New Yor and Geneva. http: //unctad. org/en/PublicationsLibrary/rmt2016_en. pdf

Wilson, C. et al. (2012), "Marginalization of end-use technologies in energy innovation for climate protection", *Nature Climate Change*, Vol. 2/11, pp. 780-788, https: //core. ac. uk/download/pdf/9560220. pdf.

World Steel (2016), *Steel Statistical Yearbook 2016*, Brussels and Beijing.

致　谢

本报告由国际能源署可持续发展、技术和展望部门编写，本署其他部门协助编写。Kamel Ben Naceur 在项目实施过程中担任领导工作，能源环境部负责人 David Turk、能源科技政策部负责人 Jean-Francois Gagne 为本书的编写提出了许多建设性意见。

Peter Janoska（第一作者）是该项研究的项目主管，其他主要作者有 Heymi Bahar（可再生能源）、来自经合组织核能机构的 David Henderson 和 Henri Paillere（核电）、Raimund Malischek（天然气发电和火力发电）、Simon Keeling（二氧化碳捕集与封存）、 Kira West（工业、化工与石化、造纸业）、Pierpaolo Cazzola 和 Renske Schuitmaker（交通业、国际海运、轻型汽车燃油经济性）、Pierpaolo Cazzola 和 Marine Gorner（电动汽车）、Pharoah Le Feuvre（生物燃料运输）、John Dulac（建筑）、Brian Dean 和 John Dulac（建筑围护结构、照明、电器和设备）、Ute Collier（可再生热能）、Luis Munera（能源存储）、Simon Bennett、Remi Gigoux 和 Luis Munuera（追踪清洁能源创新发展专题）。

国际能源署的其他同事也对本书做出了贡献：Yasmina Abdelilah、Thibaut Abergel，、Carlos Fernάndez Alvarez、Stéphanie Bouckaert、Hannah Daly、Steffen Dockweiler、Araceli Fernandez Pales、Paolo Frankl、Rebecca Gaghen、Remi Gigoux、 Chrisitna Hood、Paul Hugues、Vladimir Kubecek、Peter Levi、Juho Lipponen、Sebastian Ljungwaldh、Eric Masanet、Duncan Millard、Sara Moariff、David Morgado、Roberta Quadrelli、Uwe Remme、Sacha Sheffer、Jacob Tetter、Laszlo Varro、Shuli Wang 和 Xi Xie。

本报告的出版和发行得到了 Ellina Levina 和 Caroline Abettan 的支持。

本报告由 Jonas Weisel 编辑，并由了 Erin Crum 校正。

本报告的出版和发行得到了国际能源署交流与信息办公室的大力协助：Muriel Custodio、Astrid Dumond、Christopher Gully、Jad Mouawad、Bertrand Sadin、Robert Stone 和 Therese Walsh。

一些顾问也对本报告的不同章节做出了贡献：Monica Aaxell（热泵中心），Rosie Albinson（英国石油公司），Nour Amrani（诺维信公司），Florian Ausfelder（德国化学工程和生物技术协会），Christian Bach（欧洲金属加工厂商协会），Marion Bakker（荷兰企业局），Paul Baruya（国际能源署清洁煤中心），Van Baxter（美国橡树岭国家实验室），Christopher Beauman（欧洲复兴开发银行），Philippe Benoit（全球基础设施咨询服务 2050），Johan Berg（热泵中心），Jules Besnainou（清洁技术集团），Vincent Benezech（经济合作与发展组织），Robert Bienenfeld（本田公司），Elliott Buckland（加拿大自然资源部），Sara Budinis（英国帝国理工学院），Keith Burnard（国际能源署温室气体研究与开发计划机构），François Cattier（法国电力公司），Marcello Contestabile（阿卜杜拉国王石油研究中心），Maria Cordeiro（世界银行），Matthew Crozat（美国核能研究所），Ilan Cuperstein（C40 城市气候变化领导小组），Henrik Dam（分布式能源，欧洲委员会），Oscar Delgado（国际清洁运输委员会欧洲理事会），Emer Dennehy（爱尔兰可持续能源局），Frankie Downy（C40 城市气候变化领导小组），Paul Durrant（英国商务能源与产业战略部），Mark Ellis（马克埃利斯联营公司），Kari Espegren（能源技术研究所），Herbert Fabian（联合国环境规划署），Rodica Faucon（尼桑公司），Lewis Fulton（美国加州大学戴维斯分校），Diego Garcia（西班牙马德里高等研究中心材料研究所），Nancy Garland（美国能源部），Aliki Georgakaki（欧盟委员会联合研究中心），Gil Georges（瑞士联邦理工大学），Sara Giarola（英国帝国理工学院可持续气体研究所），Céline Giner（经济合作与发展组织贸易和农业部），Catherine Girard（尼桑公司），Andrii Gritsevskyi（国际原子能机构），Avi Gopstein（国家标准技术研究院），Peter Grubnic（全球 CCS 研究所），Ken Guthrie（国际能源署太阳能供暖和冷却计划，可持续能源转换有限公司），Caroline Haglund Stignot（热泵中心），Herman Halozan（格拉茨工业大学），Bill Hemmings（交通与环境部），Nikolas Hill（里卡多公司能源与环境部），Adam Hinge（可持续能源伙伴关系），Andreas Horn（巴斯夫股份公司），Dominic Hudson（英国南安普敦大学），Diego Iribarren（西班牙马德里高等研究中心材料研究所），Rod Janssen（Energy in Demand），Hiroyuki Kaneko（尼桑公司），Hiromi Kawamata（日本钢铁联合会），Birger Kerckov（雪佛兰公司），Jordan Kislear，US Department of Energy Max Kofod（壳牌），Sujith Kollamthodi（里卡多公司能源与环境部），Stefano Lambertucci，European Solar Thermal Industry Federation，Martti Larmi（非洲联盟），Marie-Hélène Laurent（法国电力公司），Jonathan Leaver（国际电信联盟），Jacques Leonardi（英国威斯敏斯特大学），Magnus Lindgren（先进汽车燃料公司），Chen Linhao（中国科学技术部），Paul Lucchese（印度中央电力管理局），Kiyoshi Matsuda（三菱化学控股公司），Ajay Mathur（印度能源与资源研究所），Alvin Mejia（亚洲清洁空气中心）Maurice Meehan（企业社会责任国际协会）. Olaf Merk（世界经济机构），Sean McCoy（劳伦斯利物莫国家实验室），Jim McMillan（美国国家可再生能源实验室），James Miller（美国阿贡国家实验室），Josh Miller（国际清洁运输委员会欧洲理事会），Andrew Minchener（国际能源署清洁煤中心），Seth Monteith（气候工程），Sonja Munnix（荷兰企业管理局），Matteo Muratori（美国国家可再生能源实验室），Hannah Murdock（21 世纪可再生能源政策网络），Zdenka Myslikova（美国塔夫茨大学），Stefan Novak-（IEA 光伏电力系统项目和技术合作项目主席），Patrick Oliva（米其林公司），Nils Olof Nylund（芬兰国家技术研究中心），Todd Onderdonk（埃克森美孚公司），Takashi Otsuki（亚太能源研究中心），Margarita Parra（惠普公司），Kristian Petric（All Green Energies），Breno José Pimentel Lyro（巴西石油公司），Shri Prakash（印度能源与资源研究所），Lynn Price（美国劳伦斯• 伯克利国家实验室），Sophie Punte（智能货运中心），Rokia Raslan（英国伦敦大学学院环境工程设计中心），Carlo Raucci（英国伦敦大学学院），Nicola Rega（欧洲纸业联盟），Nishatabbas Rehmatulla（英国伦敦大学学院），Julia Reinaud（i24c），Stephan Renz（伦兹咨询），Jenny Rieck 德国柏林工业大学），Christophe Rizet（法国巴黎东大学），Ichiro Sakai（本田公司），Steve Sawyer（全球风能理事会）Hans-Wilhelm Schiffer（世界能源理事会），Wei-Shiuen（经济合作与发展组织），David Shropshire（国际原子能机构），Deger Saygin（国际可再生能源署），Takanori Shiina（本田公司），Mark Schippe（美国能源信息署），Ingrid Schjolberg（挪威科技大学），Alex Schroeder（美国国家可再生能源实验室），Gunter Siddiqi（瑞士联邦能源局）Kelly Sims Gallagher（美国塔夫茨大学），Tristan Smith（英国伦敦大学学院），Nate Springer（企业社会责任国际协会），Zoe Springs（C40 城市气候变化领导小组），Jon Stenning（剑桥计量经济学会），Cecilia Tam（亚太能源研究中心），Yuichiro Tanabe（本田公司），Tali Trigg（德国国际合作公司），Vangelis Tzimas（欧盟委员会联合研究中心），Mary Rose Valladares（国际能

源署氢能实施计划)，Paul Voss(Euroheat and Power)，Ingo Wagner(Euroheat and Power)，Robin Wiltshire(世界建筑研究机构)，Jin Xiaoling(中国国家电网公司)，Jiyoung Yu(加拿大自然资源部)，多位评审员(英国商务、能源和工业战略部)，多位评审员(IEA TCP 储能节能部)。

译 者 致 谢

能源系统正在发生变革。追踪清洁能源进展，对实现可持续、可靠和可负担的能源，以及评估实现能源系统长期目标的整体进展至关重要。

国际能源署的《追踪清洁能源进展 2017》(*Tracking Clean Energy Progress* 2017)年度报告，就过去一年主要清洁能源技术的开发和部署进行了梳理，并突出强调了阻碍进步的一系列障碍、机遇和未来可能出现的各技术和领域重点事项。北京理工大学能源与环境政策研究中心[①](BIT Center for Energy and Environmental Policy Research, CEEP-BIT)经国际能源署(International Energy Agency, IEA)授权，将国际能源署组织出版的《追踪清洁能源进展 2017》翻译成中文介绍给大家。期望该报告中文版的出版，能够为中国读者了解清洁能源体系的转型及技术的扩大应用提供帮助；特别是希望能够为政策制定、企业投资及相关学术研究提供参考。

北京理工大学能源与环境政策研究中心对清洁能源技术的相关议题关注已久，曾对碳捕获与封存(Carbon Capture and Storage, CCS)在中国的发展前景、配套政策的制定、关键技术的选择等问题开展了系统研究。经国际能源署授权，2010 年组织翻译了《二氧化碳捕集与封存：碳减排的关键选择》(*CO_2 Capture and Storage: A key carbon abatement option*)一书，中文版发行后，得到了同行的积极反响，对推动二氧化碳捕集与封存技术在中国的示范和实践，发挥了积极的作用。8 年之后，我们再次与国际能源署合作，翻译出版《追踪清洁能源进展 2017》的中文版，期待能在中国能源转型的新时期，对推动中国能源革命的实践提供国际的新视角。

该报告的翻译出版是北京理工大学能源与环境政策研究中心集体智慧的结晶。我本人从学术上指导并组织协调了整个报告的翻译工作。陈浩、邓红梅、张燕、蔡嘉玮、赵光普、李晓易、王倩、王琼、陈天琦、王璐、韩融、车莉楠、张杰明等同志参与了报告的翻译工作；廖华教授参与组织了译审，王科副教授、唐葆君教授、余碧莹副教授、梁巧梅教授、刘兰翠教授参与了报告的译审工作，王琼负责了日常联络工作。

该报告的翻译过程中，先后得到了中国科学技术部中国 21 世纪议程管理中心张贤博士、谢茜，以及来国际能源署 Ellina Levina、涂建军、吕忠、Katie Russell、David Benazeraf、周瑞宇等同行的大力支持和帮助。该报告中文版的正式出版得到了国家重点研发计划气候变化经济影响综合评估模式研究课题(2016YFA0602603)及创新研究群体项目能源经济与气候政策研究(71521002)及智库项目(71642004)的支持。在此一并致谢！

北京理工大学能源与环境政策研究中心 主任
能源经济与环境管理北京市重点实验室 主任
北京理工大学管理与经济学院 院长

---

① 北京理工大学能源与环境政策研究中心网站：http://www.ceep.net.cn/”。

Online bookshop
www.iea.org/books
PDF versions at 20% discount
International Energy Agency
iea
Secure Sustainable Together
E-mail: books@iea.org
Global Gas Security series
Energy Technology Perspectives series
World Energy Outlook series
Energy Policies of IEA Countries series
World Energy Investment series
Energy Statistics series
Oil
Market Report Series
Energy Policies Beyond IEA Countries series
Gas
Coal
Renewable Energy
Energy Efficiency

Explore the data behind Tracking Clean Energy Progress 2017

www. iea. org/etp/tracking2017

The fgures that appear in the book - and the data behind them - are available for download from our website free of charge.

《追踪清洁能源进展2017》中文版由北京理工大学能源与环境政策研究中心（CEEP-BIT）翻译。此报告的原文由国际能源署用英文发表。
虽然译者已尽力确保中文译文忠实于英文原文，但译文和原文之间仍可能难免略有差异。

The Chinese version of the Tracking Clean Energy Progress Report has been translated by the Center for Energy & Environmental Policy Research, Beijing Institute of Technology from its English text, which is the official version of this publication.

This publication was initially written in English. While every effort has been made to ensure the accuracy of this translation, there may be some slight differences between this text and the original version.

The original language version of this publication includes three additional figures in sections Transport biofuels, Building envelopes and Renewable heat.

The Centre for Energy & Environmental Policy Research, Beijing Institute of Technology assumes full responsibility and liability for this translated version, including its typesetting and printing.

IEA Publications,
International Energy Agency
Website: www.iea.org
Contact information: www.iea.org/aboutus/contactus

Typeset in China by Science Press, November 2017

Original cover design: IEA. Photo credits:Photdisc|Shutterstock.

Inside photo credits:© PhotoObsession.

IEA/OECD possible corrigenda on: www.oecd.org/about/publishing/corrigenda.htm